천주교 평신도 사회 운동가 13인

기억과 기록 1
천주교 평신도 사회 운동가 13인
기억과 증언, 다시 깨어나는 신앙

1판 1쇄 발행일 2025년 5월 12일

지은이 경동현·이미영·황경훈
펴낸이 김원호

펴낸곳 우리신학연구소
등록 2006년 9월 29일(제2016-000337호)
주소 서울특별시 마포구 마포대로4가길 56, 102동 202호(마포동, 오성드림빌)
전화 02) 2672-8342~4
팩스 02) 2672-6945
이메일 woorith@gmail.com

ISBN 971-11-971732-5-7 93910

이 책은 저작권법에 의해 보호를 받는 저작물이므로 무단 전재와 무단 복제를 금합니다.

기억과 기록 1

천주교 평신도 사회 운동가 13인

기억과 증언, 다시 깨어나는 신앙

경동현·이미영·황경훈 지음

우리신학연구소

머리글

기억과 증언, 다시 깨어나는 신앙의 길

이 책은 1970~1980년대 한국 천주교회가 걸어온 사회운동의 발자취를 증언하는 이야기들로 엮은 기록이다. 민주주의가 억압받던 암울한 시절, "가난한 이들과 함께"라는 복음의 외침에 응답해 교회의 담장을 넘어 현장의 삶 속으로 뛰어들었던 신앙인들이 있었다. 이들은 노동자와 농민, 빈민과 청년, 여성과 이주민의 곁에서 살아가며, 정의와 평화, 생명과 인간 존엄을 향한 싸움을 기도처럼 이어갔다.

《가톨릭평론》에 연재되었던 "천주교 사회운동 이야기"는 그 시절 교회의 선교가 단순한 자선이나 복지에 머물지 않고, 하느님의 정의를 이 땅에 구현하고자 몸을 내어놓은 사람들의 고백으로 가득하다. 자칫 '운동'이라는 단어로 납작하게 요약될 수 있는 이 여정은, 사실은 고통당하는 이웃과 눈을 맞추며 삶의 전환을 선택했던 수많은 평신도와 사제, 수도자의 신앙 여정이다.

이 책에 담긴 증언자들은 이름보다 삶으로 말한다. 성당에서 시작해 사업장으로, 야학에서 노동 현장으로, 본당 공소에서 철거촌과 재개발 지역으로 나아간 발걸음은 당시 교회가 얼마나 시대의 짐을

지고 있었는지를 보여준다. 가톨릭노동청년회(JOC), 가톨릭농민회, 도시빈민운동, 여성노동자교육, 협동조합운동, 청년·대학생운동 등은 단지 조직의 이름이 아니라, 가난한 이들 속에서 그리스도를 만난 이들이 '복음적 실천'으로 살아낸 방식이다.

우리는 이 이야기를 통해 '그 시절이 그랬다'는 회고를 넘어서, 지금 여기 우리에게 주어진 사명의 의미를 되묻게 된다. 당시에도 교회 안팎에서는 이런 활동을 불온시하거나, 조용한 신앙생활과 선을 긋고자 하는 시선이 존재했다. 그러나 증언자들은 말한다. "그건 운동이 아니라, 복음이었다"고. 이 책은 그런 신앙고백의 집합이다.

오랜 시간이 흐른 지금, 우리는 다시금 복음의 근본으로 돌아가야 한다. 전 세계가 생태·기후위기와 불평등, 전쟁, 적대와 혐오로 흔들리는 오늘의 현실에서, 하느님 나라의 비전을 품은 신앙인들의 '현장'은 어디인가? 60년 전 폐막한 제2차 바티칸공의회의 정신으로 시작된 이 여정은 아직 끝나지 않았다. 이제는 다음 세대의 손에서 새로운 형태로 이어져야 한다.

이 책이 지난 세기의 교회사를 넘어, 오늘날의 신앙인들이 '세상 안의 교회'로 살아가기 위한 기억의 원천이자, 실천의 길을 여는 지혜의 샘이 되기를 바란다. 무엇보다도, 하느님의 정의와 평화를 갈망하는 이들에게 이 기록이 다시 깨어나는 희망의 불씨가 되기를 간절히 기도한다.

2025년 봄
경동현

차례

머리글 기억과 증언, 다시 깨어나는 신앙의 길 4

노동운동

한국천주교 사회운동의 초석, 가톨릭노동청년회   11
1971년 JOC 서울 남부연합회 여성회장 박순희

어두운 시대의 심부름꾼이었던 '평신도 사도들'   24
국제가톨릭형제회 윤순녀

교육으로 일깨운 여성노동자의 존엄   39
전 한국여성노동자협의회 대표 이철순

농민운동

농촌을 넘어 세상을 바꾼 가톨릭 농민운동   57
한국가톨릭농민회 초대 회장 이길재

대전환의 시기, 생명 평화의 공동체를 꿈꾸며   69
전 가톨릭농민회 사무국장 정성헌

도시빈민운동

자선이 아니라 사람을 평등하게 세우는 빈민운동   85
천주교도시빈민회 전 회장 김혜경

신협운동

생활 속의 그리스도를 찾아주는 협동조합 운동   101
신협중앙회 전 사무총장 이경국

여성운동

시대를 앞서갔으나 미완으로 끝난 가톨릭 여성농민운동   115
한국가톨릭농촌여성회 초대 총무 엄영애

'외롭고 높고 쓸쓸했던' 오월 광주의 여성들   129
현 오월민주여성회 회장 윤청자

청년학생운동

가톨릭 지성인을 양성하는 가톨릭대학생운동   143
대한가톨릭학생전국협의회 남영진 회장·김영근 간사

민주화성지의 숨은 청년 일꾼들   156
전 명동성당 청년연합회 회장 김지현

출애굽 영성으로 살고자 했던 청년 학생들   170
전국가톨릭대학생협의회 2기 준비위원회 의장 안미현

노동운동

박순희 · 윤순녀 · 이철순

한국천주교 사회운동의 초석, 가톨릭노동청년회

1971년 JOC 서울 남부연합회 여성회장 박순희

1960~1970년대 사회운동을 했던 이들의 기록에서 절대 지나칠 수 없는 단체가 있다. '가톨릭노동청년회', '가노청' 또는 프랑스어 약자인 'JOC(Jeunesse Ouvriere Chretienne)'로 불리던 이 단체를 통해 교육을 받고 의식이 깨어나, 사회변혁을 위한 운동을 시작했다는 이들이 한둘이 아니다.

JOC는 1925년 벨기에 요셉 카르댕(Joseph Leo Cardijn) 신부가 창립한 노동 청년 운동이다. 한국천주교회에 JOC가 처음 들어온 것은 1958년으로, 초창기에는 서울대병원 간호사들이 가난한 이들을 위해 봉사하는 평신도 사도직 활동으로 시작했다. 그러나 1960년대 경제개발 5개년 계획과 더불어 급속히 산업화가 이뤄지던 노동 현장에서 JOC 운동은 인간이 기계처럼 취급받던 열악한 노동 현실을 바꾸려는 움직임으로 발전했다. 그 전환의 시기에 JOC 활동을 시작해 평생 노동운동을 한 박순희 천주교정의구현전국연합 지도위원에게 1960~1970년대 JOC 활동을 둘러싼 이야기를 청했다.

노동자를 투사로 양성한 JOC

1967년 스무 살의 박순희는 섬유 노동자였다. 모태신앙으로 어릴 때부터 신앙생활을 열심히 했지만, 가정 형편 때문에 고등학교에 진학하지 못하고 공장 노동자가 된 것이 부끄럽고 원망스러워 한동안 성당에 발길을 끊었다. 성당에는 학생회가 있었지만, 노동하는 청소년의 자리는 없었다. 그런데 친구가 노동자의 모임이 있다며, JOC를 소개하는 '일반회' 자리에 초대했다. 그 시절 한창 인기가 있던 포크기타와 율동 같은 레크리에이션 활동이 어우러진 소개 자리였다. '하느님이 어디 있냐?'며 회의하던 그는 친구의 손에 끌려 참가한 일반회가 너무나 재미있었다. 게다가 JOC 지도신부는 강론을 통해 노동자들이 인간답게 살도록 보호하는 근로기준법과 노동조합이 있다는 사실을 알려주며, 노동자는 기계처럼 다루어져서는 안 되고 인권이 있다는 사실을 일깨워주었다. 박순희는 그 사실을 알게 된 순간의 감동과 끌림이 평생 그를 노동운동으로 이끌었다고 말한다.

그렇게 박순희는 1967년부터 서울 당산동성당에서 JOC 활동을 시작했다. 당시 영등포 지역에는 섬유회사가 많았는데, 7~8명의 섬유 노동자가 팀을 이루어 매주 모임을 했다. 각자 하는 일은 조금씩 달랐지만, 다들 어려운 가정 형편이나 일터에서 온갖 구박을 받는 서러움은 똑같았다. 12시간 맞교대 작업을 하고 오후 7시에 퇴근하면 바로 성당에 가서 JOC 팀모임을 했다.

JOC는 남녀분리 회합을 원칙으로 했다. 혼성모임에서는 여성들이 자기표현을 충분히 할 수 없다고, 카르댕 추기경은 애초에 남녀가 따로 모임을 갖게 했다. 그래서 회장도 남성 회장과 여성 회장이 따로 있고, 이들은 동등하게 활동했다. 예비회를 거치고 투사선서를 한 투사회가 세 팀이 되면 한 섹션이 되었는데, 주로 본당 단위가 섹션이었다. 이 섹션에는 지도신부가 있었는데, 청년 노동자들의 모임이어서 주로 각 본당의 보좌 신부가 지도했다. 이 섹션이 모여 각 지역과 교구마다 연합회가 있었고, 전국연합회가 있었다. 각 교구 남녀 회장들은 1년에 한 번 모여 전국평의회를 열었다.

투사가 되기 위한 예비모임은 그리스도의 눈으로 보는 '관찰', 그리스도의 뜻에 따라서 판단하고 식별하는 '판단', 그리스도의 애덕으로써 '실천'하는 내용으로 구성된 20과 과정의 교재로 1년 동안 진행했다. 나는 누구이며 노동자는 누구인가, 우리 이웃은 누구인가, 여가시간은 어떻게 보내며 남녀교제는 어떻게 하는가 등 삶과 관련한 구체적인 나눔을 할 수 있는 교재였다. 또한 하느님이 창조사업이라는 노동을 통해 세상을 만드셨다는 사실과 그 세상을 유지·발전하게 조력하는 노동자의 존엄에 관한 이야기를 함께 읽고 토론했다. 그와 관련한 복음말씀을 나눌 때는 지도신부가 항상 참여해 강론처럼 해설했다. JOC 회원들은 팀회합을 하면서 구체적인 실천약속을 정했고, 다음 회합에는 어떻게 실천했는지 확인했다. 이 실천약속을 통해 삶에 구체적인 변화가 일어났다고 박순희는 말한다.

"당시 노동자들의 선망은 대학생이었어. 노동자들이 옷을 빌려 입고 대학노트를 끼고 가짜 여대생 행세를 하는 일들이 비일비재했지. 그런 잘못을 고치겠다고 실천약속을 하고, 다음 주 회합에는 그 약속을 어떻게 실천했는지, 못 지켰으면 왜 그랬는지 꼭 확인했어."

예비교육을 거의 빠짐없이 참여한 이들은 과정을 마치고 투사선서를 했다. 세례 때처럼 하얀 한복을 입고 꽃을 달고 교중미사 때 신자들 앞에서 이렇게 선서했다.

> 나는 이후부터 나의 가정, 나의 동네, 나의 일터, 나의 휴가, 나의 약혼, 또는 나의 내일의 생활 준비에 있어서, 가톨릭 노동청년의 이상을 철저히 생활하기 위하여 매일같이 투쟁할 것을 선서합니다. 또한 나와 같은 모든 노동 형제자매를 이 이상 안에 이끌도록 종사합니다. 천주께 의지하며 나의 서약에 충성을 다하겠나이다.

전 신자가 지켜보는 가운데 매일 '투쟁'하겠다는 투사선서를 하면서, 박순희는 이 선서가 하나의 서원이라고 생각했다. 노동을 천시하고 부끄러워하던 사람들이 노동의 중요성과 인간의 존엄성을 알고 변화된 삶을 사는 것, 투사는 반드시 그렇게 살아야 한다고 여겼다. 개인의 성화와 변화를 통해 가족이 변화하고, 동네와 이웃이 변화하며, 그렇게 사회와 세상의 변화를 추구하겠다고 결심했다.

1960년대 열악한 노동 현실과 JOC 활동의 전환

박순희가 투사선서를 한 1968년은 JOC가 한국에 들어온 지 10주년을 맞던 해였다. JOC 10주년 행사는 한창 개발되기 시작하던 구로공단 한복판에 있는 도림동성당에서 열렸다. JOC 총재주교였던 김수환 주교가 강론하는데, "노동은 기도요, 작업장은 제대다"라는 카르댕 추기경의 정신을 소개했다. 노동 자체가 기도이고, 자기가 일하는 기계가 미사를 드리는 제대라는 말은 그동안 '공순이, 공돌이'로 불리던 노동자들에게 사도로서 소명을 일깨워주고 그 자체로 희망을 준 메시지였다.

1960년대까지 JOC는 노동하는 신자들을 위한 교회 내 활동이 중심이었다. 박순희는 당시 JOC 회원들이 본당 성가대나 주일학교 교사도 하고, 순교자 현양사업을 위해 김대건 신부의 상본도 판매하러 다니고, 한창 시작된 신용협동조합운동 교육을 받아 종교를 통해 경제적 어려움을 극복하자는 홍보활동에도 앞장섰다고 소개했다.

투사가 되면 다른 팀을 지도하는 지도투사가 되었다. 지도투사는 자기 본당 섹션뿐 아니라 다른 곳에 파견될 수도 있었다. 투사가 된 박순희도 당산동 섹션이 아닌 대림동으로 파견되었다. 노동자로서 자존감도 느껴지고, 그 기쁜 소식을 다른 사람에게 전하려고 12시간 노동을 하고도 피곤한 줄도 모르고 활동에 뛰어다녔다. 그는 1970년 서울 남부연합회에서 서기를 거쳐, 1971년에 여성회장이 되었다.

그때만 해도 JOC는 노동운동 성향의 단체가 아니었다. 1958년에 한국 JOC에서 첫 투사선서를 한 간호사들은 빈민촌 무료의료봉사, 윤락여성 선도, 가난한 노동자를 위한 실비식당인 보리싹 식당 운영 등의 활동을 했다. 전쟁 직후 모두가 가난하던 시절이라 초창기에는 어려운 이들을 돕는 구호·자선 성격의 봉사활동 단체처럼 여겨졌다. 팀모임도 그냥 노동자들이 일상을 나누는 정도였다.

그러나 정부에서 친재벌 정책으로 경제개발 계획을 추진하면서 노동자에 대한 착취 구조가 더욱 심해졌다. 이런 현실을 외면한 채 일상을 나누고 레크리에이션만 하며 즐길 수는 없었다. 박순희는 이런 현실에서 노동자들을 만나면 노동 문제를 이야기할 수밖에 없었고, 노동 문제를 다루다 보면 힘을 모아야 하니 노동조합이 필요하다고 생각했다. 노동조합을 조직해 투쟁해야 한다고 생각해 이를 추진했지만, 그를 지도하는 JOC 지도신부는 이를 꺼리며 막았다.

"사실 대부분 본당에서 JOC를 지도하는 보좌 신부들은 가난하고 불쌍한 노동자들을 다독여주는 차원이지, 그들이 그렇게 살 수밖에 없는 사회 구조적 문제나 조건개선에는 관심 없었어. 그리고 그때 민주화운동이 꿈틀거리던 시절이라 그런 것에 휩쓸리면 안 된다는 의견이 강했어."

JOC 지도신부가 모두 그랬던 것은 아니다. 박순희는 JOC 활동과 관련해 가장 잊지 못할 인물로 메리놀외방전교회의 전미카엘(M. Bransfield) 신부를 꼽았다. 전미카엘 신부는 1968년 강화 심도직물 노동조합 사건 당시 강화성당 주임 신부였다. 1965년부터 강화에서 사목하던 전미카엘 신부는 어린 여공들이 열악한 환경에서 하루

12시간(공휴일 전날 야간조는 24시간) 노동을 하며 위장병과 결핵 등으로 고통받는 참상을 목격하고, 서울에서 JOC 여성회장을 초대해 노동자들을 교육했다.

그렇게 교육받은 이들이 JOC팀을 만들고 강화 심도직물에서 노동조합을 결성했는데, 사장은 이들을 불법해고하고 회사를 무기휴업했다. 또 강화도 내 21개 직물공장 대표들이 모여 JOC 회원을 취업시키지 않을 것을 결의했고, 회사의 사주를 받은 노동자들이 성당에 몰려와 전미카엘 신부에게 강화성당을 떠날 것을 요구했다. JOC 총재 김수환 주교와 인천교구장 나길모(W. J. McNaughton) 주교는 이 사건을 두고 임시 주교회의 개최를 추진해, 1968년 2월 「사회정의와 노동자 권익 옹호를 위한 주교단 공동 성명서」를 발표했다. 이후 정부가 사태 수습에 나서며 해고자가 전원복직된 심도직물 노조 사건은 한국 노동운동에 획기적인 계기가 되고, 교회로서도 사회정의를 위해 나서는 역사적 전환점이 된 사건이었다.

노동운동을 성소로 여긴 JOC 여성투사들

1970년 11월 13일, 청계천 재단사였던 전태일이 "근로기준법을 준수하라! 우리는 기계가 아니다!"라고 구호를 외치며 분신자살하는 사건이 일어났다. 전태일의 죽음은 박순희에게도 충격적이었다. 전태일의 어머니 이소선과 청계천 재단사들이 JOC 남부연합회 지도신부였던 도요한(John F. Trisolini) 신부를 만나러 돈보스코센터에 찾아왔다. 연합회에서 활동하던 박순희도 그 자리에서 전태일 사건에 관한 이야기를 들었다.

"그 이야기를 들으면서 너무 무서웠어. 나도 계속 노동운동을 하다가는 저렇게 목숨을 바쳐야 하나 싶었지. 그런데 가슴이 두근거렸어. 그의 정신이 참 좋구나. 들을 때는 참 무서웠는데 말이야."

스무 살만 넘어도 노처녀라 불리던 시절이라, 박순희는 그 무렵 자신의 성소를 고민했다. 그때는 여성이 결혼하면 공장을 그만두고 가정을 돌보는 것이 당연했는데, 투사선서를 저버리고 결혼해서 가정에 매인다는 것은 내키지 않았다. 그렇다고 노동운동가로 살기는 두려워 수도회에 입회하고자 했다. 노동자와 가까운 수도회를 찾았지만 마땅한 곳이 없어, 가난한 이들과 함께하는 수도회에 입회하기로 했다. 하지만 공교롭게도 홍수가 났던 그해 집에도 물난리가 있었고, 그 와중에 다시 간 수도회는 너무 안락하게 느껴졌다. 더 가난한 수도회를 찾아 다시 입회를 준비했는데, 입회 전날 인사드리러 찾아간 JOC 지도신부는 그를 만류했다. 박순희에게는 노동사목이 어울린다며, 산업화 사회에 필요한 활동을 하는 수도회가 국내에는 아직 없지만 프라도회라는 노동사제와 노동 수녀회가 곧 진출할 예정이니 기다리며 준비하자고 했다. 이미 수녀회에 입회한다고 가족과 이웃들에게 알리고 잔치까지 벌인 마당이라 박순희는 수녀원에 가려고 싸둔 짐을 들고 돈보스코센터에 들어가 살면서 다시 JOC 활동을 하며 노동 현실을 공부했다.

박순희처럼 JOC 여성투사 중에는 결혼도 마다하고 노동운동을 성소로 여겨 사도생활단이나 수도회에 입회한 이들이 많았다. 정영숙과 윤순녀 등은 국제가톨릭형제회(A.F.I.) 회원이 되었고, 가난한 이들의 작은 자매회나 마리아회처럼 가난한 이들을 위한 사도직을 펼치는 수도회에 입회한 이들도 많았다.

1973년부터 박순희는 메리놀수녀회 수녀들과 몇몇 JOC 여성투사와 함께 구로공단에서 노동자생활공동체를 꾸려 함께 살았다. 1970년대에는 메리놀회, 대구 베네딕도수녀회, 성골롬반외방선교회 등의 선교사제와 수녀들이 밀집된 공단 주변에서 JOC 출신 평신도 노동자들과 함께 살면서 노동사목을 했다.

1970년대 민주노조를 설립하러 현장으로 들어간 JOC

수녀와 평신도가 어우러진 공동체에서 JOC 방법론에 따라 나눔을 하며 살던 박순희는 평소 알고 지내던 한국모방의 노조 지부장이 회사 상무에게 맞아 입원하자 병문안 갔다. 한국모방은 민주노조를 세우는 과정에서 회사 측의 탄압이 심해지자, 1972년 9월 600여 명의 노동자가 명동성당에 몰려가 투쟁했다. 노동자들이 노동 문제로 명동성당에 들어온 첫 사건이었다. 그런 과정을 통해 한국모방에는 민주노조가 만들어졌지만, 조합원들은 노동조합에 대해 의식이 없다며 한국모방 지부장은 박순희에게 입사해 JOC 정신에 따라 노동자들에게 의식화교육을 시켜달라고 했다.

그 당시 공동체에서 함께 살던 JOC 6대 전국 여성회장 정인숙도 전태일 분신 이후 만들어진 청계피복노조에 파견되어 활동했다. 박순희는 공동체 식구들과 상의한 후 노조간부나 대의원을 하지 않는 조건으로 공채 시험을 보고 정식으로 한국모방에 입사했다. 하지만 입사 1년 만에 조합원 투표로 박순희는 대의원으로 뽑혔다. JOC

지도신부는 이를 우려하며 걱정했다. 교회에서는 민주노조를 세우려는 운동이 노조원들을 사회주의 같은 이념에 빠져들게 한다며, JOC와 맞지 않는다고 여겼다. JOC 지도신부는 박순희를 비롯한 현장 활동가들이 JOC와 노동장년회 팀모임을 하지 못하게 막았다. 이 때문에 민주노조 활동을 하는 이들은 JOC에서 후배를 양성할 수 없었다. 그러면서 교회 안에서 노동운동의 맥이 끊기고 확장되지 못했다고 박순희는 안타까워한다.

"우리 선배들은 교육을 많이 다녔는데, (민주노조) 활동하는 사람들을 절대 후배들 교육에 안 썼어. 그래서 후배들과 맥이 끊어졌어. 그러면서 양성이 더 진행되지 못했지."

교회 안에서도 노조 활동을 하던 이들을 빨갱이 성향이라고 보는 시선에 박순희는 숨이 막혔다. 개인의 삶에만 치우치던 JOC에 만족할 수 없던 그는 개신교의 도시산업선교회에 가서 강의도 듣고 교육을 받았다. 도시산업선교회는 목사들이 앞장서서 노동조합법, 근로기준법 등을 주장하며 교육했다. 박순희처럼 사회구조에 눈을 돌린 다른 JOC 회원들도 근로기준법을 달달 외우고 회사 측에 맞섰다. 이들은 회사 측에 섰던 어용노조를 민주노조로 바꾸려고 했다.

박순희는 부도난 한국모방을 인수한 원풍모방에서 노조 상근 부지부장을 맡아 조합원들을 교육하며 이끌었다. 당시 원풍모방에는 소모임이 100여 개가 되었는데, 그런 소모임을 통해 조합원들이 교육받고 의식화할 수 있게 도왔다. 원풍모방은 민주노조가 정착하면서 12시간 맞교대 근무도 8시간 3교대로 바뀌었고, 신용협동조합이나 이·미용실, 목욕탕 등 노동자를 위한 복지지원도 늘려갔다. 근무 여건이 좋아지면서 이직하는 노동자가 줄고, 회사도 발전했다. 이들은 민주노조를 만들고자 싸우는 다른 노조와도 연대했다.

한국 노동운동의 역사를 쓴 JOC

1960~1970년대 주요 노동운동 사건마다 JOC 회원은 현장에 있었다. 말로는 산업화의 역군이라고 치켜세우지만 노동 현실은 열악하기 그지없던 그 시절, JOC 회원들은 이를 바꿔보고자 민주노조 설립에 앞장섰다. 하지만 1980년 5·18 광주항쟁을 무참히 짓밟은 전두환 정권은 노동조합 정화지침을 발표해 민주노조를 파괴하고, 노동운동을 하던 사람들을 모두 해고하고 감옥에 가두었다. 대학생 위장취업자를 비롯해 JOC 활동가들처럼 노동 현장에서 노동자들을 의식화하는 이들은 사회주의 혁명을 꿈꾸는 불순한 목적이 있다고 다 잡아들였다. 박순희도 1982년에 체포되어 1년을 감옥에서 살았다.

일터에서 쫓겨난 JOC 회원들은 전국 각지에서 JOC 확장위원을 하며 노동자 상담과 교육을 이어갔다. 이들이 모여 1984년 가톨릭노동사목전국협의회를 결성했다. 전미카엘 신부는 각 지역 노동사목 활동가의 활동비를 마련해주었다. 박순희가 기억하는 전미카엘 신부는 노동자들의 의견을 먼저 들으며, 그들이 스스로 문제를 해결하도록 지지하고, 자신의 모든 것을 바쳐 노동자를 전폭적으로 지원하던 사제였다. 그림을 잘 그리던 전미카엘 신부는 청년 노동자들이 교회의 가르침을 쉽게 이해할 수 있도록 그림책을 펴냈다. 또 원주교구에 영상실을 만들어 노동자 교육자료를 만들어 전국에서 교육

할 수 있도록 지원했다. 그는 1989년 선종할 때까지 평생 노동자들을 물심양면 지원했다.

한편 감옥에서 나온 박순희도 당시 전주교구에서 노동사목을 하던 이철순이 유학하자, 그 후임으로 갔다. 그곳도 JOC 회원이 노조를 세우려다 해고당하는 일이 발생해 그 사태를 수습해야 했다. 박순희는 문정현 신부 등 전주교구 정의평화위원회 사제들을 만나 상세한 이야기를 전하고, 교회의 역할을 요청했다. 창인동성당에서 노동자 야학을 꾸리고 교육했다. JOC 회원들은 조직과 교육, 합리적 투쟁을 통해 노동 조건을 변화시켰다. 각 지역의 현장에서 투신하던 JOC 회원들은 1987년 노동자 대투쟁을 비롯해 1995년 민주노총이 창립될 때까지 한국 노동운동의 중심에 있었다.

다시 기억하는 JOC 정신

박순희는 지금도 노동 현장에서 노예처럼 갑질 당하고, 똑같은 일을 해도 임금 차별을 받는 비정규직 노동자들이 늘어나는 이 현실을 그대로 둘 것인지 묻는다. 40년 전 전태일의 외침은 오늘도 여전하다.

"JOC는 인간관계 안에서 이루어졌어. 노동 지식을 전달하는 강의로는 실천까지 이어지지 않지만, JOC 모임을 하면서는 변화가 일어났지. 본인이 그 변화의 기쁨을 체험하니 다른 이들에게도 소리치며 다녔거든. 지금 시대에 맞는 기쁨을 노동자들에게, 청년들에게 어떻게 줄 것이고, 어떻게 희망을 나눌 수 있을까? 예수님에게서 희망을 발견한 제자들이 그 기쁜 소식을 전했잖아. 작은 누룩이 전체를 변화시키듯, 우리 신앙인이 그 역할을 해야 하지 않을까?"

2018년 11월, 한국 JOC는 창립 60주년을 맞았다. 예전의 투사들이 주로 모여 축하했지만, 최근 그 자녀들을 중심으로 JOC팀이 다시 조금씩 생겨난다고 한다. 청년 노동자가 사도로서 세상에서 투쟁할 희망과 용기를 주었던 JOC의 정신은 지금 한국사회에도 여전히 필요하다.

어두운 시대의 심부름꾼이었던 '평신도 사도들'

국제가톨릭형제회 윤순녀

2021년 5월, 《오마이뉴스》가 5·18민주화운동 41주년을 맞아 기획한 '두 여성의 5월'이라는 특별기획 기사에서, 광주의 진실을 알리다 신군부의 표적이 된 두 가톨릭 여성이 소개되었다.* 프랑스인 콜렛 누아르(Colette Noir)와 정양숙 마리안나. 신군부는 이들을 수녀라고 파악했으나, 사실 이들은 평신도 사도직 단체인 국제가톨릭형제회(Association Fraternelle Internationale, AFI, 이하 '아피')의 회원들이었다.

아피는 1937년 벨기에에서 이본 퐁슬레(Yvonne Poncelet)가 창설한 평신도선교회로 시작한 사도직 단체로서, 중국교회를 위해 헌신하던 뱅상 레브(Vincent Lebbe) 신부의 선교 정신에 영향을 받아 선교지에서 일상생활을 통해 그 민족의 문화와 사상에 깊이 동화되는 현대적 선교의 삶을 살려는 독신 여성들의 평신도선교회로 시

---

* 소중한, 「[단독] 80년 계엄사가 쫓던 프랑스 여성… '전두환 직인' 문건의 전말」, 《오마이뉴스》, 2021.5.17. 관련 기사가 총 3회에 걸쳐 연재되었다.

작되었다. 한국에는 1956년 노기남 주교의 요청으로 독일과 이탈리아 출신 회원 2명이 처음 입국하며 진출했으며, 명동에서 여대생기숙사 운영을 시작으로 사도직 활동을 시작했다.

    기숙사로 시작되었던 명동 전진상교육관은 이후 가톨릭 여성교육과 평신도 지도자 양성의 센터로 자리매김하면서, 가톨릭학생회, 가톨릭여성연합회, 가톨릭노동청년회(Jeunesse Ouvriere Chretienne, 이하 JOC) 등 한국천주교 평신도 사도직 운동의 산실이 되었다. 그리고 1970년 10월부터 이곳에서 시민교육을 위해 시작된 월요강좌는 민주시민을 양성하며 1970~1980년대 한국 민주화운동에 크게 기여했다. 아피가 한국천주교 사회운동의 역사에서 어떤 역할과 활동을 했는지 살펴보고자, 아피 회원인 윤순녀 (사)평화의샘 이사장을 만났다.

가톨릭노동청년회 활동을 통한 회심과 아피 입회

윤순녀는 고등학교 때 어느 날 우연히 미아동성당(현 길음동성당)을 찾았고, 그곳에서 수산나라는 이름으로 세례를 받았다. 학교를 졸업하고 직장생활을 시작했는데, 미사 후 누군가 다가와 JOC 활동을 권해 모임에 처음 나갔다. JOC 예비투사 시절, 한 주는 성경연구, 한 주는 사회조사의 과정을 거치면서 성경뿐만 아니라 신문도 보며 그동안 잘 몰랐던 세상을 많이 배워갔다. 6남매의 맏딸로 자기 가족에만 마음을 쏟았던 그는 당시를 이렇게 회고한다.

"그때 이웃과 사회에 관심을 갖게 된 것은 마치 사도 바오로의 회심과도 같았어요. 그동안 나만 생각했던 삶에서 벗어나 세상을 바라보기 시작했습니다."

1965년 투사선서를 하고 JOC 활동을 열심히 하던 도중, 1967년 필리핀에서 열린 JOC 아시아 여성 지도자 모임에 한국 대표로 가게 되었다. 필리핀에서는 관찰, 판단, 실천에 따라 세상을 보는 방법론을 더 상세히 배울 수 있었다. 윤순녀는 1968년 3월부터 JOC 전국 본부에서 일하기 시작했고, 10주년 행사를 치른 뒤 JOC 제4대 여자 전국 회장으로 선출되었다. 남자는 회장, 여자는 부회장을 맡는 것이 일반적이던 여느 단체와 달리, JOC는 남자 회장과 여자 회장이 각기 동등하게 협력하는 구조였다.

윤순녀는 JOC 활동을 하면서 아피와도 가까워졌다. JOC 교육과 회의 등으로 아피가 운영하는 명동 여학생기숙사를 자주 찾았는데, 매주 금요일마다 JOC의 노동자 미사도 여기에서 했다. 그의 선임자인 제3대 JOC 전국 회장 정양숙이 아피에 입회하기도 했다. 그 시절 JOC에서 리더십을 발휘하던 여성 중에는 아피나 수녀회에 입회해 사회복음화를 위해 지속해서 헌신하고자 하는 이들이 많았다. 1967년에는 독일 출신 아피 회원이던 아니타 슈탈프(Anita Stalf)를 알게 되었는데, 독일에서 JOC 활동을 했던 아니타는 한국에 와서 한국어를 공부하면서 JOC 전국본부의 활동을 도왔다. JOC가 국제조직이다 보니 외국에 보고할 것이 많았는데, 국제관련 업무를 아니타가 주로 담당했다. 그렇게 3년간 아니타와 JOC 일을 같이했다.

처음에는 아피 회원들이 수녀인 줄 알았는데, 복음적 삶을 살고자 일생을 봉헌하기로 서약한 평신도라는 사실을 알게 되었다. 윤순녀는 정양숙과 아니타 슈탈프 등과 교류 속에서 점차 아피를 알아갔고, 독특한 평신도 사도직에 끌린 윤순녀도 아피에 입회해 1977년에 서약했다.

아피 창설에 큰 영향을 준 뱅상 레브 신부는 1901년부터 40여 년을 중국에서 활동했는데, 그 민족의 문화와 사상에 깊이 동화하지 않고서는 결코 진정한 하느님의 사랑을 전할 수 없다는 현대적 선교관을 지향한 선교사였다. 1900년대 초기에 이미 그 시대, 그 지역에 토착화된 교회를 주창하며, 제2차 바티칸공의회의 선교관을 수십 년 앞당겨 살았던 인물이다. 그가 복음정신으로 요약한 '전진상(全眞常)'은 '전(全)희생(온전한 자아 봉헌)', '진(眞)애인(참다운 이웃 사랑)', '상(常)희락(끊임없는 기쁨)'이 아피가 추구하는 영성과 정신이다.

아피는 제2차 바티칸공의회 이후 각 지역 문화의 특성에 맞는 방식으로 지역 단위로 활동과 양성, 운영을 스스로 책임지는 방식으로 변화되었다. 각 나라나 지역별 위원회로 묶고 각자의 현실에 맞는 활동과 양성계획을 새로 마련하도록 회칙을 변경했다. 전체를 대표하는 기구나 국제수련소를 폐쇄하고, 대신 각 지역단체를 조정하는 운영위원회와 국제 비서처를 설치했다. 수직적 관계에서 수평적 관계로 변화였다.

자율성이 확대된 아피는 시대와 각 지역의 특성을 고려해 변화를 모색했다. 처음에는 독신 여성들만이 회원이었으나, 남성 회원과 기혼 회원도 받아들였다. 아피는 이처럼 각 지역의 특성에 맞게 개방성을 가지면서 발전해왔다. 현재 한국 아피 회원 중에도 남성과 기혼자 회원이 있다.

다양한 사회운동에 참여한 아피 회원들

아피의 사도직 수행과 삶에서 우선적 선택의 기준은 "신앙, 인간의 해방을 위한 참여, 우주성"인데, 특히 '인간 해방을 위한 참여'와 관련해 "인간의 존엄성과 정의, 형제애가 구현되는 세계를 건설하기 위하여 선의의 모든 사람과 연대하며, 활동과 삶의 선택에 있어 소외되고 고통받는 약한 이들, 도움을 필요로 하는 이들에게 우선권을 둔다"는 원칙을 지향한다. 한국의 아피 회원들은 1970~1980년대에 이뤄진 '사회운동 및 사회개발(노동운동, 이주노동자 인권운동, 빈민운동, 여성운동, 환경운동)' 같은 다양한 사회운동에 참여했다. 이처럼 사회 문제에 적극적으로 참여하는 사도직을 우선적으로 추구하다 보니 한국의 아피는 자연스럽게 한국사회의 민주화운동과 깊게 연관을 맺게 되었다.

1956년 들어와 1957년 명동성당 옆에 개관한 여학생기숙사(현

한국에 처음으로 진출한 아피 회원들. 안젤라(Angela Mistura), 가비(Gaby Wilsmeier), 리나(Lina Maes).

전진상교육관)에서는 가톨릭 교수모임이나 학생단체 모임이 이뤄졌고, 1962년부터는 가톨릭 활동단체에게 시설을 개방하면서 다양한 평신도사도직 운동이 출범하도록 도왔다. 1963년에는 아피 회원인 김양순의 주선으로 가톨릭여성연합회의 전신인 '가톨릭한국부인회'가 설립되었고, 1967년 명륜동에 가톨릭학생회관이 설립되기 전까지 가톨릭학생회 모임과 교육이 주로 이루어졌다. 1967년 9월에는 지성인 교리반을 개설해 지식인들을 입교시켰고, 특히 1970년 10월 개설한 월요 강좌는 민주화 의식을 학습하는 시민교육의 장으로서, 1970년대 민주화운동의 중심지가 되기도 했다.

평신도 사도직 단체인 아피는 회원들이 각자 자신의 직업과 삶을 통해 개인 또는 공동의 사도직을 수행한다. 초창기부터 운영하던 명동의 전진상교육관(전 여학생기숙사), 1969년부터 2007년까지 운영하던 전진상사회복지관(전 안양근로자회관), 1975년 설립한 시흥 전진상의원·복지관(전 전진상가정복지센터) 등 회원들이 공동으로 참여하는 사도직도 있지만, 대부분 각자 개인 사도직을 지향한다. 윤순녀 역시 JOC부터 시작하던 노동사도직을 계속했다.

윤순녀는 1973년부터 노동청 산업 카운슬러로서 일하다가 노동자들에게 노동법과 노동자의 권리들을 가르치다가, JOC 활동과 노동자 편에 서서 발언한 것이 알려져 1976년 해고를 당했다. 그 무렵 김몽은 신부(당시 명동성당 주임)가 교구에서 명동사회문화관을 기획하는 걸 맡겼으니 이와 관련해 같이 일하자고 윤순녀에게 제안했다. 그는 무언가 구체적인 활동을 하고 싶었다.

현 가톨릭회관 자리에는 성모병원이 있었는데, 김몽은 신부에게 병원 노동자가 쉴 수 있는 노동자 휴게실을 만들자고 제안했다. 김 신부는 범우관 2층에서 그 일을 하라고 했다. 필리핀 출신의 착한 목자수녀회 메리엔 수녀와 의기투합했는데, 그 수녀가 영어를 가르치니 많은 사람이 몰렸다. 그렇게 2년간 영어교실을 이어갔다. '노동자'라는 말을 써야 했으나, 사람들이 그 말에 거부감을 느끼던 시절이라 '명동근로자휴게실'이라는 명칭으로 운영했다. 아피 회원들은 국제경험을 쌓는 연수를 거쳐야 하는데, 윤순녀도 1978년 일본에 아피 국제경험을 가게 되었다. 마침 벨기에에 갔던 선배 정양숙 회원이 한국에 돌아와, 그가 근로자휴게실을 맡아 운영하기로 했다. 정양숙이 맡으면서 근로자휴게실은 노동상담소로 바뀌었.

"제가 처음 시작했던 근로자휴게실이 노동상담소로 바뀌어서 정말 기뻤어요. 김수환 추기경이 서강대 산업문제연구소의 프라이스(Basil M. Price) 신부, 김말룡, 정양숙 등을 불러 모아 노동상담소를 이끌어가게 했습니다. 프라이스 신부가 독일에 프로젝트 신청을 해서 받은 자금으로 노동상담소를 지금 천주교인권위원회가 있는 자리로 옮겼지요."

광주의 진상을 널리 알린 콜렛과 정양숙

2021년 5월,《오마이뉴스》기자가 2011년 외교부에서 공개한 1980년 당시 계엄사 합동수사본부에서 작성한 문건을 분석하며 아피 회원 2명의 활동이 소개되었다. 광주에서 일어난 참담한 현실을 세상에 알린 콜렛 누아르와 정양숙의 활동이다. 누군가 아피 회원들에게 그 문건을 전달했고, 아피 회원들은 어떻게 용기있게 이 문건을 세상에 전할 수 있었는지, 아피 회원들이 5월 광주와 어떻게 연대했는지 잘 알 수 있는 기사이기도 했다. 이 취재를 도왔던 윤순녀 역시 그 사건 속에 있었다.

1980년 광주항쟁이 일어났을 때, 윤순녀는 일본 연수를 마치고 영국에 있었다. 한 지인이 언론에서 보았다며 한국의 상황을 알려주었는데, 그 소식을 듣고 얼른 한국에 돌아가려고 했다. 오는 길에 프랑스 파리에 들러 프라도회 수련 중이던 한국 신학생에게 돌아가는 사정을 더 자세히 들을 수 있었다. 광주의 참상을 담은《르몽드》지면을 오려서 조마조마한 마음으로 짐에 넣은 채 귀국했는데 다행히 걸리지 않았다. 1980년 6월 한국에 도착하자마자《르몽드》의 광주 관련 지면을 들고 김수환 추기경을 찾아갔다.

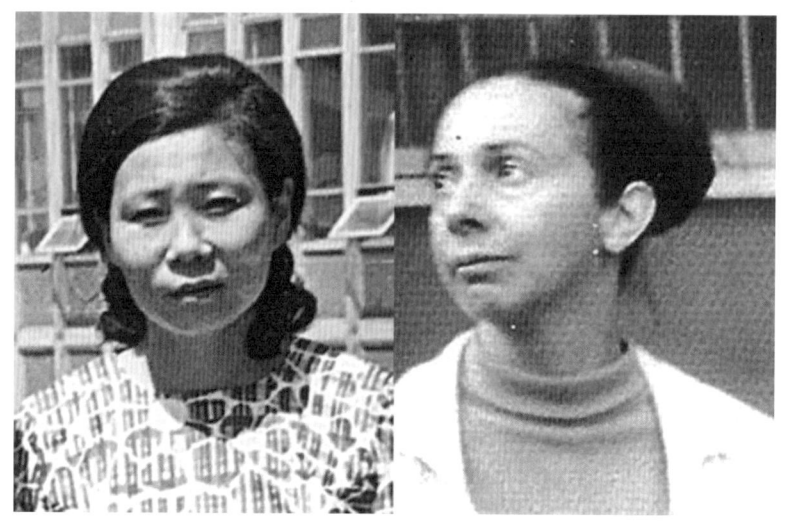
젊은 시절 정양숙(왼쪽)과 콜렛 누아르.

"제일 먼저 김수환 추기경님께 뛰어갔어요. 가져온 《르몽드》 기사를 다 갖다드렸죠. 그때가 6월 5일 즈음이에요. 추기경님이 절 쳐다보더니 '남들은 전쟁 나면 다 도망가는데 넌 왜 들어왔냐'고 물으셨어요. 그래서 '나라에 전쟁이 났는데 들어와야지 어디로 가요'라고 대답했죠. 추기경님이 '아휴' 한숨을 내쉬며 '그래그래' 그러시더라고요."

윤순녀는 콜렛과 정양숙도 만났는데, 정양숙은 그에게 노란 봉투를 건네며 미아동성당 양홍 신부에게 건네주게 했다.

"언니가 누런 봉투에 뭘 넣어서 양홍 신부에게 전해달라는 거예요. 봉투를 뜯어보지도 않고 그대로 전달했죠. 나중에 신부님들이 끌려가고 사달이 난 뒤에야 그 봉투에 테이프가 들어 있었다는 걸 알았죠."

콜렛은 광주항쟁에 관한 '어느 목격자의 증언'이라는 원고를 광주에서 상경한 김성용 신부에게 전달했다. 당시 김성용 신부는 광주 남동성당 주임이었는데, 5월 26, 27일경 서울로 탈출해 김수환 추기경과 여러 신부에게 광주의 참상을 알렸다. 광주의 진상은 가톨릭교회 안에서 널리 퍼져갔고, 6월 초 천주교 광주대교구 사제단 이름으로 「광주사태에 대한 진상」이란 공개 발표문으로 이어졌다. 당시로써는 매우 위험한 일이었는데, 이 발표문이 나오자 전국 13개 천주교 정의구현사제단도 「광주대교구 사제단의 발표문이 진실임을 믿는다」는 성명을 발표했다.

이후 윤순녀는 7월 초 거짓말 탐지기까지 동원하며 콜렛을 조사하려고 한다는 소식을 접했다. 그뿐만 아니라 정양숙이 갑자기 실종됐다는 이야기도 들려왔다. 윤 대표에겐 두 차례 합수부 조사를 받은 콜렛과 함께 서빙고(국군 보안사령부 분실)로 가서 정양숙을 면회한 기억이 남아 있다. 이후 정양숙은 징역 2년 형을 선고받고 복역하다 형집행정지로 석방됐다. 콜렛 역시 합수부 조사 후 요주의 인물로 찍혀 한동안 일상적인 생활이 어려울 정도로 감시의 대상이 됐다. 5월 광주의 진실이 전 세계에 알려진 데는, 일본 정의평화위원회 간사로 있던 송영순을 비롯해 여러 사람의 역할이 컸다.

윤순녀는 당시를 회고하며 이번 《오마이뉴스》 기사로 그동안 온갖 고생을 하다가 세상을 떠난 정양숙에게 40년 만의 빚을 갚은 것 같다고 말한다.* 정양숙을 잘 모르는 아피 회원에게 아피가 걸어

---

* 이처럼 5·18 민주화운동의 진실을 외국에 알렸다가 신군부에 고초를 겪은 정양숙과 콜렛의 이야기를 다룬 《오마이뉴스》 심층 르포는 2021년 5·18언론상을 받았다. 김시연, 「'두 여성의 5월' 소중한 오마이뉴스 기자, 5·18언론상 수상」, 《오마이뉴

왔던 길을 알게 했다는 의의가 있고, 아피가 이렇게 험난했던 한국의 역사 속에서 함께했다는 사실을 세상에 알리는 계기가 되었기 때문이다.

1980년대 다양한 사회운동과 인연

윤순녀는 1980년 7월부터 인천교구 부평 노동사목으로 옮겼다. 인천 노동사목은 1978년에 메리놀회 나마진(Martin Lowery) 신부와 메리놀수녀회, 이경심이 처음 시작했는데, 이경심이 갑자기 세상을 떠나면서 귀국한 윤순녀에게 같이 일하자고 요청했다. 노동자 탄압과 감시가 극심하던 시절이라, 메리놀 수녀와 함께 노동자들의 가정을 방문하며 노동자 부인들을 중심으로 모임을 조직했다. 다들 가난해서 부업하기에 바빴지만, 그 일을 하면서도 성경 이야기를 하자고 했다. 한번은 마태오복음 25장을 묵상하다가 감옥에 갇힌 사람들 중 김대중 대통령에 관해 이야기했는데, 나중에 같이 성경 공부를 했던 분이 '빨갱이'인 줄 알았다고 나중에 말했다고 한다.

그러다가 그 부인들과 남편들이 다치게 되면 가는 산재병원에 삶은 달걀을 갖고 찾아가 환자들을 방문하기도 했다. 1981년부터 인천 지역 몇몇 성당의 사제들에게 허락을 받아 조심스럽게 노동자를 상대로 교육하기 시작했다. 윤순녀는 그렇게 활동하다가 수배를 당하기도 했다.

스》, 2021.8.12.

1983년에는 JOC 회원이 계속해서 취직하지 못하는 상황이 발생하자, JOC 전국본부가 주도해 노동자 블랙리스트 철폐 서명운동과 단식 농성을 벌였다. 이 사건을 계기로 1984년 장충동 분도빌딩에 옆에 있던 인성회 소유의 집을 사용할 수 있게 지학순 주교의 허락을 받고 노동사목연구소를 열었다. 함세웅 신부가 초대 소장을 하고 윤순녀가 총무를 맡았는데, 나중에 '가톨릭노동사목전국협의회'로 바뀌었다.

1985년에는 민주통일민중운동연합(민통련)이 출범했다. 민통련의 간부였던 이창복(JOC 전국 회장 출신)이 정부의 감시를 피하기 위해 윤순녀의 이름으로 분도빌딩에 사무실을 계약했다고 했다. 그때 민통련 사람들이 보통 7, 8명씩 노동사목연구소에 들러 식사를 했다. 윤순녀는 그때 활동했던 이들과 활발하게 교류하며, 많은 것을 배웠다.

윤순녀는 당시를 회고하면서 민통련 보도반장 박용수를 소개했다. 그는 1980년대 민주화운동 현장을 누비며 많은 사진을 찍었다. 그가 현장에서 많은 사진을 찍어오는데, 정부의 감시를 피해 필름을 현상할 곳이 없다고 고민하는 걸 듣고 비밀리에 노동사목 집 뒤에 헛간 같은 곳을 감실로 쓰게 했다. 거기서 3년가량 사진 작업을 했다. 특히 1987년 6월항쟁 시기에 정말 중요한 사진을 많이 찍어 기록으로 남겼는데, 한국 민주주의 역사 현장의 생생한 사진을 볼 수 있는 건 그의 덕분이다. 민주화운동기념사업회의 중요한 사진 상당수가 그의 작품이다. 그의 사진을 모은 『민중의 길』이라는 사진집은 매우 중요한 자료다.

1983년 가을 민주화운동청년연합(민청련)이 발족한 것을 기점으로 다양한 사회운동 연합단체가 태동했다. 1984년 천주교에서도 가톨릭농민회, 노동사목, 명동성당청년회 등 천주교 청년모임이 결합한 '천주교사회운동협의회(천사협)'를 결성했다. 1986년 천사협은 대전 농민회관에서 세 명의 주교와 두 차례 모임을 가졌는데, 거기에서 천주교 사회운동에 관한 열띤 토론을 이어갔다.

"나는 그때 그 두 번의 모임이 우리의 시노드였다고 생각해요. 윤공희 대주교, 김재덕 주교, 지학순 주교도 참여했는데 교회를 향한 비판의 목소리도 허심탄회하게 이어갔습니다."

윤순녀는 1990년대 이후에는 여성 문제에 주목해 '새 세상을 여는 천주교 여성공동체'를 설립하고, 한국정신대문제대책협의회와 한국여신자협의회 공동대표를 지냈으며, 2000년에 한국천주교주교회의 평신도사도직위원회 산하에 '여성소위원회'가 설치되었을 때 초창기 위원으로 3년간 활동했다. 윤순녀는 1998년에는 천주교 성폭력 상담소를 열었는데, 2005년부터 사단법인 평화의 샘으로 발전해 여러 기관을 운영하며 지금도 여성운동에 헌신하고 있다.

한국사회 곳곳에 스며든 아피의 정신

1970~1980년대 명동 전진상교육관이 민주화운동의 중심적 역할을 한 것처럼, 아피 회원들이 공동사도직으로 하는 다른 기관들도 각 지역에서 요구되는 중요한 사회운동을 매개하고 확산하는 중요한 역할을 했다.

1969년 개원한 '안양전진상사회복지관(근로자회관)'은 2007년

문을 닫을 때까지 40여 년간 지역에서 노동자와 수많은 약자의 버팀목이 되어주었고, 노동운동 등 활동가의 울타리 역할을 했다. 특히 JOC 운동을 많이 도왔는데, 복지관 앞의 안양 장내동성당에는 수원교구에서 JOC 회원이 가장 많았다.

아피는 또 1963년부터 1983년까지 전주여학생관을 운영했고, 1970년대에서 2000년 초까지 팀으로 가톨릭센터를 운영하기도 했다. 여학생 기숙사 운영과 지역사회 활동의 구심점으로 여성의 교육, 상담 등의 활동을 병행했다. 전주교구 가톨릭센터 건립의 필요성 때문에 독일 회원 아니타가 건축기금 마련에 역할이 컸다. 그렇게 40여 년간 활동하다가 해오던 사업을 교구청에 이관했다.

1974년 약사, 사회사업가, 간호사 3명의 회원이 시흥 판자촌 빈민들에게 봉사하기 위해 시작한 시흥전진상의원과 복지관은 40년이 넘은 지금까지도 지역사회 복지활동을 활발히 전개하고 있다. 최근에는 호스피스 병원을 운영하고 있다.

현재 명동 전진상교육관에서는 영성심리상담소와 영성센터를 운영하며 현대인의 영적 갈망에 응답하려고 애쓰고 있고, 난민이 많은 동두천에서는 '전진상 우리 집'을 통해 아프리카에서 온 난민 어린이와 가정을 돌보고 있다. 네팔 노동자가 많았던 안양에서 이주민 노동사목 활동을 했던 아피 회원은 한국과 네팔을 오가며 네팔에 학교를 지었는데, 특히 네팔에서 지진이 났을 때 열심히 활동했다. 환경문제에 관심 많은 회원은 생태 사도직 활동에 참여하고 있다.

현재 합정동 전진상센터 자리는 메리놀 수녀회에서 인수해 우리신학연구소, 예수살이공동체 등이 사용해오다가 2008년 현재 센터가 건립되었다. 아피의 본부이기도 한 합정동 전진상센터는 그동안 열심히 활동했던 고령의 회원이 살아가는 생활의 터전이자, 국제 단체의 교류의 장으로 활용되고 있다. 최근에는 노인사목에도 크게 관심을 기울이는데, 특히 코로나를 겪으면서 앞으로 공동체가 나아가야 할 방향과 쇄신을 모색하고 있다.

윤순녀 역시 성폭력 피해 여성들을 위한 (사)평화의샘 이사장으로 계속 활동하면서, 한참 어린 후배를 보듬어주는 역할을 계속하고 있다. 윤순녀는 변화하는 시대에 맞게 운동도 조금 더 유연한 방법을 찾아가야 한다는 점을 당부한다.

"저는 교회가 신비체라는 사실을 믿습니다. 제가 1980년대 노동사목을 할 때 수원교구가 상당히 배타적이었는데, 나중에 들어보니 지금은 여성 및 노동사목을 잘한다고 합니다. 저는 3대가 어우러지는 공동체를 꿈꿉니다. 여러 평신도 공동체를 보면서 세대별로 단절되었다는 점이 정말 아쉬웠어요. 공동체에서 3대가 어우러지면 좋겠어요. 그렇게 경험 많은 선배 세대와 능력 있는 젊은 세대가 함께 협력하면 좋겠고요. 여러 세대가 서로 문화를 이해하는 방향으로 가면서, 역사성을 공유하면 좋겠습니다."

교육으로 일깨운 여성노동자의 존엄

전 한국여성노동자협의회 대표 이철순

　　1970년 11월 13일, 청계천 평화시장의 영세 봉제공장 노동자이던 전태일이 분신한 사건은 한국사회뿐만 아니라 교회의 노동운동에도 큰 영향을 주었다. 가톨릭노동청년회(JOC)는 전태일 사건 이후 "공장 안에 교회를 세우자"(1973년 JOC 전국평의회 주제)라며, 운동의 중심을 '본당'에서 '사업장'으로 옮기기 시작했다. 1970년대 JOC 회원들은 저임금, 부당해고, 산업재해 등으로 위협받는 노동자들의 생존권 보장을 주장하며, 노동자들의 의식화 교육과 민주노조 설립 운동에 앞장섰다.

　　하지만 곧 JOC 회원들은 정부와 사측으로부터 '빨갱이'로 몰리며 해고되었고, 사업장의 '블랙리스트'에 올라 재취업의 어려움이 이어졌다. 해고된 노동자나 노동운동에 투신하려는 JOC 회원들은 1970년대 말부터 각 지역에서 노동사목 설립을 주도하거나 동참하기 시작했다. 1977년 성남노동사목을 시작으로, 인천교구 부평노동사목과 부천노동사목, 전주교구 노동사목 등에 평신도인 JOC 출신

회원들이 적극적으로 나섰다.

1978년부터 JOC 확장위원으로 전주교구에서 노동야학과 노동사목을 시작한 이철순을 만나 1970~1980년대의 노동사목, 특히 그가 평생 투신한 여성노동자 교육에 관한 이야기를 들었다. 오랫동안 한국여성노동자협의회 대표를 지내고 현재 (사)한국희망재단의 상임이사로 활동하는 이철순은 『당당한 미래를 열어라: 세상을 바꾸려는 여성노동자들』(삶이보이는창, 2007)을 집필해 한국 여성노동자운동의 역사를 정리하기도 했다.

전태일의 죽음, 부르심이 되다

1970년 11월 13일, 고등학생이던 이철순은 친구가 버스를 타고 오다가 전태일의 분신을 직접 목격했다며 전해준 이야기를 들었다. 또래의 청년이 "우리는 기계가 아니다!", "근로기준법을 준수하라!"라고 외치며 자기 몸을 불살랐다는 소식은 그에게 큰 충격이었다. 전태일의 죽음은 그의 삶을 송두리째 뒤흔들었다.

"저는 당시 아무런 의식도 없고, 그저 졸업 후 좋은 직장에 다니다가 결혼하려는 생각만 있었어요. 그런데 나랑 비슷한 나이의 어떤 사람은 자기 목숨을 바쳐가면서 저렇게 투신할 만큼 이 사회에 무슨 문제가 있는 건가 질문하기 시작했죠."

그 질문을 끌어안고 방황하기 시작하다가, 어느 날 발걸음이 성당으로 향했다. 성당 안에 들어가 십자가의 예수를 보는 순간, 자신도 모르게 눈물이 쏟아졌다. 인간을 사랑해 십자가에 못 박히신 그분처럼, 전태일도 사람에 대한 사랑 때문에 자신을 불태웠다는 생각이 들었다. 하염없이 눈물을 흘리는데, 젊은 보좌 신부가 그 울음소리를 듣고 말을 건넸다. 그가 우는 이유를 말하며 예수님이 가신 길을 갈 수 있으면 그분 앞에 무릎을 꿇고 신자가 될 수 있을 거 같다고 하자, 신부는 이철순에게 레오 13세 교황의 노동헌장 「새로운 사태(Rerum Novarum)」와 가톨릭교리를 담은 박도식 신부의 책 『무엇하는 사람들인가?』를 건넸다. 2권의 책을 다 읽고 다시 성당에 찾아가자, 그 신부는 대모까지 소개하며 곧바로 세례를 주었다. 그렇게 그는 '마리아'라는 세례명으로 세례를 받았다.

이철순은 노동을 직접 배워보려고 화양동에 있는 대동화학에 취업했다. 그는 인근의 화양동성당에 가서 노동헌장을 실천하는 데가 어디냐고 묻자, 주임이던 성골롬반외방선교회 민후고(Hugh MacMahon) 신부는 JOC를 소개했다. 하지만 한두 번 나가본 JOC는 그에게 너무나 시시했다. 생활나눔 같은 것으로 어떻게 세상을 바꾸나 싶어 그만 나갔다. 그런데 얼마 뒤 그의 안부를 걱정하는 JOC 지도투사의 편지를 받았다. 한두 번 나온 사람에게 이렇게 큰 관심을 보이는 것을 보며 사람에게 관심을 갖는 것, 그것이 사랑 나눔이라고 느껴져 마음이 바뀌었다.

배움에 목마른 여성노동자를 위해 시작한 야학

그렇게 다시 JOC 모임에 참여하면서, 그는 생활나눔도 다시 보게 되었다. 1주일간 지낸 이야기를 하기 위해 자기의 삶과 주변을 잘 살피고 귀 기울이게 되었다. 1970년대 서울의 공단지대는 전자와 섬유산업이 주력이었고, 대부분 10대 여성노동자가 일했다. 15~16세의 어린 소녀들이 어려운 집안을 돕기 위해 저임금의 고된 노동을 하면서 최소한의 생활비만 남기고 모두 집으로 보내는 이야기를 들으며 이철순은 그들의 고귀한 마음을 사랑하게 되었고, 그런 희생을 너무도 당연하게 받아들이는 그들의 현실이 안타까웠다.

그가 JOC 북부연합회 교육위원으로 대동화학과 인근의 유림통상 노동자들을 만나 노동조합 교육을 하는데, 어린 여공들은 그에게 그 시간에 공부를 시켜달라고 했다. 중학교도 제대로 못 마친 여공들은 배움에 목말라 있었다. 이철순은 민후고 신부에게 성당에서 야학을 할 수 있게 장소를 빌려달라고 청했다. 처음에는 생각해보겠다던 민 신부가 몰래 교리실에 책상까지 새로 맞추고 공부할 수 있는 교실로 꾸며놓아 그를 깜짝 놀라게 했다. 그렇게 시작한 '성심야학'

의 입학식 날엔 학생이 70명이나 모였다.

민 신부는 그에게 운영을 맡으라고 했지만, 그는 가톨릭대학생회에 강학을 맡기고 자신은 1주일에 한 번 토론 시간을 담당하겠다고 했다. 그러면서 대학생들에게 제발 시험을 보지 말라고 신신당부했다. 온종일 힘들게 노동하고 와서 2시간 공부하고 밤 10시가 넘어 집으로 돌아갈 노동자들에게 부담을 주지 말아야 한다고 생각했다. '공순이'라 불리며 무시와 천대를 받던 이들에게 공부는 배움의 소망을 이루는 일, 노동자지만 공부도 하는 학생이라는 자존감을 심어 주는 것으로 충분하다고 생각했다. 그래서 과목도 자기 생활 이야기를 쓸 수 있는 국어, 한자투성이인 근로기준법을 읽을 수 있는 한문, 일터에서 자주 쓰는 용어를 배우는 영어를 가르치게 했다. 이철순은 1주일에 한 번 노동자들과 삶의 이야기를 나누는 토론 시간을 담당했다. 각자 '나는 누구인가?'를 돌아가면서 이야기하는데, 너무도 가난한 삶의 현실이 한결같이 비슷했다.

"술과 노름으로 가산을 탕진한 아버지, 뼈 빠지게 고생하는 어머니, 집안을 일으켜 세우려면 오빠나 남동생을 공부시켜야 한다며 어린 나이에 공장에 일하러 온 그들의 사정이 너무도 비슷해 서로 이야기를 나누다 눈물바다가 되곤 했어요. 그렇게 어려운 상황 속에서도 꿋꿋하게 사는 그들이 정말 훌륭하다고 느꼈지요. 이렇게 훌륭한 사람들에게 자존감만 채워주면 엄청난 지도력을 발휘하리라는 확신이 들었어요."

머지않아 그는 토론 시간을 다른 노동자에게 맡기고 JOC 확장위원으로 다른 활동을 하러 갔는데, 그가 떠난 뒤 대학생 강학들은 약속을 깨고 검정고시를 준비시키겠다며 시험을 보기 시작해 노동자들에게는 버거운 배움이 되었다.

JOC와 개신교 도시산업선교회의 민주노조 운동

이철순은 JOC 활동을 더 본격적으로 하기 위해 3년간 다니던 대동화학을 그만두었다. 당시에는 회사들이 노동자의 퇴직금을 떼어먹기 일쑤였다. 그는 퇴직금을 주지 않으려는 회사와 이를 제대로 관리 감독하지 않는 근로감독관의 문제를 고발하는 운동을 했다. 열흘 만에 퇴직금을 받아낸 그에 대한 소문은 노동자들에게 전설처럼 퍼져나갔고, 사업주들에게는 블랙리스트에 올라 다른 곳에 취업해도 곧 쫓겨나기 일쑤였다.

이철순은 JOC 확장위원으로 상봉동, 면목동성당에서 새로운 노동자들을 만나며 가발제조업체인 YH무역과 아남산업 등 곳곳에 노동조합을 일구어냈고, 1978년 인천 동일방직에 민주노조를 세우려는 조직운동도 도왔다. 당시 공석이 된 동일방직 노조위원장 선거에 JOC 회원 이총각을 내보내기 위해, 그를 포함한 몇몇 활동가가 피정의 집에서 함께 밤새 기도하며 설득했다. 끝까지 버티던 이총각은 결국 "이게 하느님 뜻이라면 받아들이겠다"라며 마지못해 수락하고, 노조위원장 선거에 나섰다. 하지만 며칠 뒤 동일방직 대의원선거 때 민주노조를 반대하는 세력이 여성노동자들에게 똥물을 퍼붓는 만행이 벌어졌다. '동일방직 똥물사건' 이후 이총각은 해고와 복직투쟁 등 힘난한 길을 걸어야 했다. 너무도 하기 싫어하던 이총각을 억지로 설득해 내세웠던 이철순은 그 일을 생각하면 지금도 미안하다며 울컥한다. 그 미안함 때문에 이철순은 동일방직 노조의 투쟁을 열심히 도왔다.

동일방직 사건을 비롯해 민주노조를 조직하고 지켜내는 싸움을 하면서 JOC와 개신교의 도시산업선교회는 함께 연대했다. 에큐메니컬 대표자 모임에 가면 개신교에선 목사들이 나오는데, 천주교에선 JOC 활동가들이 대표로 나갔다.

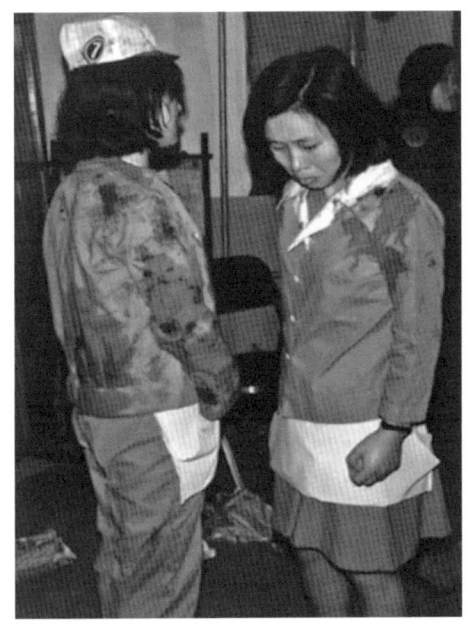

1978년 2월 21일, 동일방직 노조 대의원대회 때 똥물을 뒤집어쓴 여성노동자들.

"대책회의를 하러 가면 개신교는 목회자 중심이었고, 우리는 평신도들이 대표자로 나갔죠. 천주교도 신부들 나오라고 하는데, 우리가 책임자라고 하면 개신교에서 이해를 못 했어요. 나중엔 개신교 쪽에서도 평신도를 키워야 한다는 걸 배웠어요."

전주교구 노동사목의 시작

사회운동에서 점점 대표자급 자리에 서게 되면서 이철순은 자신이 원하는 바가 아니라는 생각에 기쁨이 사라졌다. 그를 필요로 하는 곳이 어딘가 있을 거라는 생각이 들어 JOC를 지도하던 전 미카엘(Michael Bransfield) 신부에게 상의하니, 전국을 돌아보라고 했다. 서울을 떠나 각 지역을 돌아보니, 전라북도에는 노동운동과 관련한 지원이 아무것도 없었다. 이철순은 전주교구에서 임무를 수행하기로 하고, 1978년에 전북 지역 JOC 확장위원으로 파견되었다.

교구에서 가톨릭회관에 방을 마련해주어 그곳을 기반 삼아 공단 지역을 돌아보고, JOC 회원들을 통해 지역 현실을 파악했다. 그것만으로는 너무 느리다고 생각해, 대학생들을 모아 공단 지역 실태조사를 했다. 지역 내 기업형태와 노동 상황을 상세히 조사해 보고서를 냈다. 중앙정보부에서는 그 보고서를 마치 불온서적인 양 압수하려고 난리가 났지만, 전주교구 정의평화위원회 사제들이 중재하며 10부만 넘기는 것으로 막아주었다.

전북 지역의 노동 현실이 파악되자 이철순은 그것을 바탕으로 노동자들을 만나기 위해 노동야학을 시작했다. 전주 팔복동성당, 군산 팔마성당, 익산 창인동성당 세 곳에 야학을 열었다. 성심야학 때 얻은 교훈을 바탕으로 이번에는 대학생들을 먼저 모아 노동야학이 무엇인지 세미나를 하며 교재를 같이 만들었다. 노동야학에는 가톨릭 대학생뿐 아니라 한국기독학생회총연맹(KSCF) 대학생과 일반 대학생들도 참여했다. 과목도 국어, 한문, 영어와 더불어 역사를 추가해 지역 역사를 배우게 했다.

전주교구 노동야학 1기가 끝날 때 학생들이 국어시간에 쓴 시와 글을 묶어 문집을 만들어 졸업선물로 주었다. 자신의 글이 활자로 나온 것을 보며 노동자들은 엄청난 자존감을 얻었고, 전북의 대학가에서는 노동자가 직접 쓴 문집이 유명해졌다. 그렇게 발굴한 글 잘 쓰는 노동자에게 자기 현실에 대한 극본을 쓰게 해서, 크리스마스 때 노동자들이 직접 연극으로 올렸다. 노동자의 가능성과 특기를 살려주면서 노동야학은 급성장했다. 정부가 야학금지령을 내렸던 시기였는데, 성당에서는 이건 불법이 아니라 선교 활동이라며 보호해 주었다. 그래도 성당 문 앞에 서서 지키는 정보원이 두려워 야학에 못 오는 노동자들도 생겼다.

이철순은 노동야학이 대학생은 봉사하고 노동자는 배우는 일방적인 공간이 아니라, 학생과 노동자가 함께 만나고 성장하는 자리가 되기를 바랐다. 그래서 1년 야학을 마친 노동자 중 3~4명을 뽑아 노동자와 대학생이 함께 공부하는 스터디반을 꾸렸다. 그리고 그 노동자들에게 다음 학기 강학을 맡기고, 노동자 강학의 수업은 대학생들도 듣게 했다. 야학 출신 노동자 강학들의 자부심은 엄청났고, 대학생들도 노동자에게 배우고 함께 나누면서 학생운동에 투신했다.

이철순은 애초 전주교구에서 3년만 활동할 계획이었는데, 교구에서는 지금 떠나면 그동안의 활동이 다 무너진다며 그를 붙잡았다. 이철순은 교구에 노동사목을 제안하고, 2년 더 전주교구에 머물며 노동사목의 기반을 닦으면서 야학이 있는 3개 지역에 노동사목 실무자를 구해놓고 다시 서울로 올라왔다.

새로운 힘을 얻은 필리핀 유학과 아일랜드 연수

30대를 준비하러 돌아온 서울에서 그는 며칠 쉬지도 못하고 에큐메니컬 단체인 한국교회사회선교협의회로 불려가 노동과 빈민운동 활동가를 양성하는 교육을 담당했다. 안정되고 편안한 자리였지만 그는 현장에서 멀어지는 것 같아 불편했다. 그만두고 싶어도 도저히 빠져나올 수 없어서, 핑계 삼아 필리핀 유학을 떠나기로 했다. 필리핀 아시아사회과학대학교에서 NGO 활동가들을 이론적으로 재교육하는 과정이 있었는데, 몇 년 전부터 그를 초청했다. 하지만 정부에서는 요주의 인물인 그에게 여권을 내주지 않아 지학순 주교의 도움으로 단수여권을 받고 힘겹게 유학을 떠났다.

필리핀에서는 새로운 이론과 낯선 문화, 다양한 사람을 만나는 재충전의 시간을 보냈다. 2년의 교육을 마칠 무렵 그곳에서 만난 성골롬반외방선교회 신부가 아일랜드 성골롬반신학교에 '국제사회정의를 위한 정의와 믿음 특별연수회'라는 교육이 있다며 소개해주었다. 선교사를 위한 재교육 프로그램이었는데, 자신의 활동이 정말 하느님이 원하시는 건지 돌아보고 선교 사명을 새롭게 하는 6개월짜리 연수였다. 그는 필리핀에서 아일랜드로 떠났다.

그 연수회에서 8시간 명상을 하던 이철순은 값비싼 향유로 예수님의 발을 씻어준 여인(루카 7,37-38)과 예수님을 만나는 특별한 체험도 했다. 그 여인과 달리 자신은 아무것도 드릴 게 없다고 울며 고백하자, 예수님은 이미 받은 것이 많다며 조용히 그를 안아주셨다.

"아일랜드 연수는 정말 좋았어요. 제가 걸어온 길을 총체적으로 돌아볼 수 있었고, 그 일이 정말 옳은 일이었는지 성찰하며 확신과 자신감이 생겼어요. 예수님의 발을 씻어준 여인과 만남을 통해 제가 용서하지 못한 것을 용서하고, 죽음에 대한 두려움도 사라졌죠. 산책하다가 앞이 훤히 보이는 길을 만난 것처럼, 앞으로의 내 인생이 보이는 것 같았어요. 그 연수에서 큰 힘을 얻고 돌아왔어요."

아시아 여성들을 위한 조직과 교육 활동

필리핀과 아일랜드에서 교육을 마치고 돌아온 이철순은 잠시 전국노동사목협의회 교육부장으로 일하다가, 주위의 권유로 1988년 홍콩에 있는 아시아여성위원회(Committee for Asian Women, CAW)의 집행위원장에 지원했다. 아시아여성위원회는 아시아기독교협의회(CCA)와 아시아주교회의연합회 인간발전사무국(FABC-OHD)이 아시아의 여성 문제에 대처하기 위해 공동으로 설립한 기구였다. 이철순은 이곳에서 일하면서 아시아와 여성의 현실에 대해서 많이 배웠다. 한창 산업화가 이뤄지던 스리랑카, 인도네시아 등에서 가난한 여성노동자가 처한 현실은 한국의 1970년대와 별반 다르지 않았다. 이철순은 그동안의 경험을 아시아 여성들을 위해 나눌 수 있어 기뻤다.

그는 에큐메니컬 조직이던 아시아여성위원회를 교회 밖 NGO로 독립시켰다. 아시아에서 그리스도교는 소수인데, 다종교 사회인 아시아에서 다양한 여성들을 위해 일하려면 독립이 필요했다. 개신교와 가톨릭교회의 지도부는 아시아여성위원회의 독립을 아쉬워하면서도 그 필요를 인정해 승인했다.

"아시아여성위원회에서 집단 지도체제로 함께 일하는 것을 많이 배웠어요. 교회 안이든 밖이든 일하는 것은 상관없지만, 교회 밖에서는 대표가 성직자가 아니라는 것이 좋아요. 현장을 잘 아는 평신도 전문가가 일하고 사제나 수녀는 보조하며 도와주어야 하는데, 교회 안에서 운동을 하면 자꾸 사제나 수도자가 지도자라는 명목으로 결정권을 가지려 해요. JOC를 창립한 카르댕 추기경도 청년 옆에는 선배가 있어야지, 신부나 수녀가 있으면 자꾸 교회 안으로 끌고 가려 한다고 우려했죠."

이철순은 아시아여성위원회에서 일하며 여성노동자와 빈곤여성을 위한 다양한 활동과 교육을 진행했다. 아시아여성위원회는 여성운동과 노동운동 사이에 다리를 놓는 작업도 했다. 노동자들은 여성운동이 엘리트 운동이라 한계가 있다고 여겼고, 여성운동에서는 노동자의 현실을 잘 이해하지 못했다. 서로 소통하며 함께하는 운동을 만들도록 아시아여성위원회는 양쪽을 설득했다. 그가 연임하며 6년간 일하는 동안 아시아 곳곳에서 다양한 여성단체가 조직되었고, 아시아여성위원회도 크게 성장했다.

다시 여성노동자의 곁으로

임기를 마치고 한국에 다시 돌아온 이철순은 그린피스 동아시아 활동이 시작되도록 잠시 돕다가, 1996년부터 한국여성노동자협의회에서 일하기 시작했다. 머지않아 IMF가 터지면서 그동안 힘겹게 쌓아온 여성노동자의 지위나 보호망이 다 무너지기 시작했다. 민주노총 등 거대 노동조직에서도 여성노동자의 문제는 뒤로 밀리곤 했다.

그는 참여연대와 함께 해고당한 여성노동자들의 실태조사와 실업자 등록운동을 추진하고, 기초생활보장법 등 사회적 보호망을 만들기 위해 애썼다. 비정규직 여성노동자들을 주체로 한 전국여성노동조합 설립도 이끌었다. 정부가 시민사회단체의 여러 정책제안을 적극적으로 수용하면서, 여성정책도 많이 바뀌고 여성노동자를 보호하는 여러 법과 제도도 마련되었다.

이철순은 9년 동안 한국여성노동자협의회 대표로 활동하다가, 자신이 없어야 후임자가 편히 활동할 수 있다고 생각해 다시 아일랜드로 신학을 공부하러 떠났다. 선교사를 위한 안식년 코스였는데, 다시 한번 자신의 운동을 돌아보고 재충전하기 위해서였다. 그리스도론, 양자신학(Quantum Theology), 생태신학 등을 공부하면서 또 한번 힘을 얻었다.

"교수 신부님이 그리스도론 수업을 하는데 성경책을 휙 던져서 다들 깜짝 놀랐어요. 신부님은 그건 그냥 책일 뿐이라며, 그 안의 내용을 실천할 때 중요한 거라고 가르치셨어요. 그런 식으로 저에게 필요한 영적 지식을 얻었죠. 내가 믿는 신의 목소리를 듣고 깊이 다가가는 시간, 그런 시간이 필요하고 참 좋았어요."

아일랜드에서 돌아온 이철순은 여성노동자를 위해 자신이 해야 할 일은 교육이라고 생각하고 '일하는 여성 아카데미'를 시작했다. 좀 더 체계적인 교육프로그램을 만들고 싶어서, 민중교육 방법론을 가르치는 남아프리카 파울로프레이리학교(South African Paulo Freire Institute, PFI)에 연수를 갔다. 그곳에서 배운 이론으로 여성의 리더십이나 사회의식교육 등의 현장교육 커리큘럼을 마련했다. 또한 그는 2005년 12월 창립한 국제구호기구인 한국희망재단의 상임이사를 맡아, 전 세계 빈곤지역의 개발과 교육사업을 지원하는 일도 시작했다.

"한국희망재단의 일과 노동운동은 하나도 다를 게 없어요. 일의 대상이 다를 뿐 방법은 같습니다. 자금지원과 더불어 사업을 추진하니 더 실행이 잘 됩니다. 꼭 여성노동자를 대상으로 하진 않지만, 가난한 나라에서 가장 열악한 상황에 있는 이들은 여성이에요. 여성노동자에게 노동조합을 만들어 자신의 권리를 찾도록 한 것처럼, 조혼과 여성할례 등으로 고통받는 여성들에게 협동조합이나 마을공동체에서 함께 힘을 모으고 경제력을 갖게 해서 힘을 주는 것입니다. 우연히 시작한 일이지만, 그동안의 경험이 많이 도움이 되고 저에게 아주 잘 맞는 일이라고 생각합니다."

세상 속에서 누룩이 되는 신앙인이 되길

전태일 열사가 노동자들의 현실을 알리기 위해 자신의 몸을 산화한 지 50년이 지났지만, 지금도 수많은 노동자가 열악한 노동 현장에서 사고로 죽어 나가고 비정규직 노동자에 대한 차별과 멸시는 여전하다. 특히 이번 코로나 사태 때 콜센터나 요양관리사 등 여성 노동자들은 집단 감염에 쉽게 노출되기도 했다. 그래도 사회에서는 노동자들과 여성들의 목소리가 높아지는 걸 불편해한다. 그들은 이제 더 이상 사회적 약자가 아니라고 생각해서다.

"물론 1970년대와 비교하면 힘이 늘긴 했지만, 대기업 중심의 노조만 보고 전체를 비판할 수는 없어요. 어느 나라든 약자는 항상 농민과 노동자이고, 인공지능의 시대가 되면 더더욱 그럴 거예요. 물론 노동운동도 시대 변화에 따라 한 걸음 더 나아가야죠. 저는 노동운동이 시민운동으로 가야 한다고 생각해요. 예전에 캐나다에서 노동조합 강연을 하는데, 마을공동체 회관에 500여 명이 모였는데 노조 관계자뿐 아니라 다양한 사람들이 모였어요. 노동자이고 아니고를 가르지 않고, 시민사회의 문제를 어떻게 같이 다룰 수 있는지 고민하더라고요. 참 부러웠어요."

오늘의 교회는 노동자를 위해 어떤 역할을 할 수 있을지, 마지막으로 그에게 물었다.

"저는 프란치스코 교황이 가르치는 대로 가면 된다고 생각합니다. 세상 안에 교회를 세우라고 하시잖아요. 예수님의 몸을 모신 신자들이 세상 속에서 누룩의 역할을 하도록 교회가 가르치고 그런 양식을 주어야 합니다. 예전에 전미카엘 신부님이 그린 그림 중 예수님이 성당에서 나오려고 애쓰는데 사람들이 문을 잠가 못 나오시는 모습이 있었어요. '예수님은 너의 손이 필요하다'는 설명이 달려 있었는데, 그 손은 도움, 나눔, 연대 등이 될 수 있겠죠. 어려운 일이지만 그게 교회의 가르침이 되어야 합니다."

농민운동

이길재 · 정성헌

농촌을 넘어 세상을 바꾼 가톨릭 농민운동

한국가톨릭농민회 초대 회장 이길재

1960년 1,442만 명이던 농가 인구는 2015년 257만 명으로 5분의 1 수준으로 줄었다. 1960년에는 전체 인구의 57%가 농민이었는데, 이제는 5%만 농업에 종사한다. 젊은이를 찾아보기 힘들고 고령의 어르신들이 더 많으니, 몇 년 후에는 '농민'이라는 이름조차 듣기 어려울지 모르겠다.

산업구조가 빠르게 재편되면서 가장 먼저 버림받은 농촌, 그 안에서 '한국가톨릭농민회'(이하 가톨릭농민회)는 50년 넘게 자기 삶의 자리를 바꾸고 세상을 변화시켜온 대표적인 천주교 사회운동이다. 『한국가톨릭대사전』은 가톨릭농민회를 이렇게 소개한다.

농민 스스로 단결과 협력으로 농민의 권익을 옹호하고 인간적 발전을 도모하며, 사회 정의 실현을 통한 농촌사회의 복음화와 인류 공동체 발전에 기여하기 위하여 1966년 10월 17일에 설립된 전국 사도직 단체.

1965년 가톨릭농민회의 전신인 가톨릭노동청년회(JOC) 농촌청년부 조직부터 시작해 초대부터 3대까지 회장으로, 1974년부터 1983년까지는 사무국장으로 가톨릭농민회에서 20여 년 동안 활동했던 이길재 회장에게 1960~1970년대 가톨릭 농민운동의 역사를 들었다.

JOC에서 출발한 가톨릭농촌청년부

1938년 전라남도에서 농민의 아들로 태어난 이길재는 어린 시절부터 소먹일 꼴을 베고 논밭일을 하며 성장했다. 농사를 천직으로 여기며 광주농업고등학교에 다닐 때, 가까운 친구가 독실한 가톨릭 신자라 그의 소개로 가톨릭 신앙을 접했다. 그는 고등학교 3학년 때 세례를 받으며 농촌에서 일하는 사제가 되겠다는 결심을 했다.

"젊고 순수한 마음으로 이 사회를 위해 어떻게 헌신할지 생각하다가, 예수님의 가르침대로 이웃을 내 몸같이 사랑하라는 신앙을 실천해야겠다 싶었죠. 내가 농민 출신이니 내 이웃은 농민이라는 생각을 했어요."

골롬반회 선교사인 주임 신부의 지도로 3년 동안 신학교 입학을 준비했지만, 신자가 아니던 부모님은 끝내 그 길을 허락하지 않았다. 주임 신부는 부모님에 대한 사랑을 소중히 생각하라며, 꼭 사제가 되어야만 농촌을 위해 일할 수 있는 건 아니라고 설득했다. 기왕 신학교 진학을 준비했던 터라 대학에서 농촌에 도움이 될 공부를 하겠다고 결심하며 전남대학교 수의학과에 진학했다.

하지만 학비를 벌려고 낮에는 학원 강사로, 본당에서는 레지오 활동 등 이런저런 활동으로 대학공부는 뒷전이었다. 신학교에서 JOC 활동을 접했던 보좌 신부는 본당에서도 같이 시작해보자며, 이길재에게 JOC를 소개했다. 그는 노동헌장「새로운 사태」도 공부하고 투사훈련도 거치며, JOC 활동에 푹 빠졌다. JOC 광주대교구 대표가 된 이길재는 학원 강의가 끝나면 공장지대나 대학병원, 본당 등을 돌아다니며 JOC를 조직하려고 밤늦게까지 뛰어다녔다.

대학 시절 학점은 엉망이었지만, '이시돌 농촌 개발회'라는 대학생 농촌 봉사활동을 조직해서 활동한 덕에 교수들의 선처로 겨우 졸업했다. 수의사 자격시험도 합격해서 교회에서는 제주 이시돌 목장 수의사로 추천했고, 친구들을 따라 엉겁결에 본 농촌지도직 4급 공무원 시험에도 합격했다. 면접만 남아 있던 때, JOC 지도신부인 박성종 신부가 그를 찾아 가톨릭 농촌 청년을 위한 조직을 맡아달라고 했다. 1960년대 초까지 한국은 농업국가라 농민이 절대다수였다. 1960년

2월, 전주교구 김제성당에서 농촌 청년을 중심으로 JOC가 시작되었으며, 이후 많은 농촌 본당에서 JOC가 생겨났다. 하지만 JOC가 주 대상으로 하던 도시노동자와 다른 농촌 청년만의 문제가 있었다. 농촌 청년의 급격한 이농현상 등 농촌살리기 문제, 농촌 청년 지도자 양성 등이 시급했다. 국제적으로도 이미 농촌 청년조직인 가톨릭농촌청년회(Jeunesse Agricole Catholique, JAC)가 있었는데, 박성종 신부는 그에게 JOC 농촌청년부에서 일해보라고 했다. 1965년 3월, 이길재는 JOC 농촌청년부 전국대표가 되었다.

가톨릭농민회의 시작, 한국가톨릭농촌청년회

농촌청년부에서 이길재는 JAC 국제본부에 연락해 자료를 구하고, 운동 교재나 소개자료 등을 발간하며 교육·홍보활동을 벌였다. 농촌 본당을 중심으로 JOC와 똑같은 방법으로 모임을 진행하고, 각 지역 연합조직을 만드는 데 중점을 두고 지도자 교육도 했다. 그렇게 자리 잡아가던 1966년 봄, 왜관 성베네딕도수도원(이하 분도회)의 오도 하스(Odo Haas) 아빠스가 그를 만나고 싶다며 불렀다. 오도 아빠스는 그에게 분도회가 물심양면 지원해줄 테니 농촌을 위해 같이 일해보자고 제안했다.

"당시 분도회는 왜관감목대리구로 경상북도 일부 지역의 사목을 담당했어요. 농촌사목을 하면서 보니까 농촌문제가 아주 심각했던 겁니다. 농민들이 경제적으로 가난한 문제, 사회적으로도 뒤처지고 정치적 지위도 확보되지 않는 문제, 분도회는 농촌사목을 하면서 이러한 문제를 한국사회의 가장 중요한 문제라고 판단했습니다. 그러면서 왜 서울에서 농촌운동을 하냐며, 농촌 현장으로 내려오라고 권했어요."

이길재는 JOC 지도신부와 회장단과 상의해, 농촌청년부를 독립하기로 했다. 그리고 1966년 10월 17일, 경북 구미에서 한국가톨릭농촌청년회(JAC) 창립총회를 열었다. 가톨릭농민회 역사의 시작이다. 구미에 사무실을 두고 전국지도자훈련회를 열어 JAC 운동의 이론과 방법, 새 농사 기술, 신용협동조합 등을 교육했다. 초대 회장 이길재는 각 교구를 다니며 교육과 조직활동에 힘썼다. 1968년 8월, 전주교구 JAC가 창립하며 교구 단위 연합회가 결성되었다.

초창기 JAC 활동은 당시 농촌문제를 농민 개인, 농업기술 등의 문제로 판단했다. 그래서 농업기술의 혁신이나 마을을 공동체로 만드는 운동, 농촌 신협운동 등 신앙교육, 협동교육, 기술교육에 주력했다. 가톨릭 청년 농민들이 농촌을 바꾸는 주역이 되어야 한다고 농촌 청년 지도자를 양성하는 교육에 힘썼다. 또한 1968년 7월에 전국농촌본당 성직자들을 위한 '농촌개발과 사목'이라는 세미나를 열어, 농촌사목을 하는 사제들을 위한 교육도 했다.

"신부님들도 그만큼 문제의식이 있었어요. 농촌, 농민의 문제에 대한 지식은 있는데 구체적 현실은 모르니, 그것에 대한 강의나 이야기를 듣고 싶어 했어요. 그래서 2박 3일 동안 교육을 했어요. 사제들이 교육을 받고 돌아가면 각 교구에서 많은 영향을 미치잖아요."

첫 세미나에는 7개 교구 25개 농촌본당의 성직자들이 모여 '농촌사목회의' 구성과 농촌본당 발전을 위한 공동 계획을 수립하고, 농촌사목에 대한 주교단의 관심과 지원을 촉구하는 결의안을 채택

했다. 1969년에 열린 제2회 농촌사목연구회에는 전주교구 한공렬 주교, 분도회 오도 아빠스 등 고위 성직자도 참석해 '지역사회에 봉사하는 교회'를 주제로 농촌을 위한 교회의 역할을 토론했다. 그 결실로 1969년 11월 성직자 40여 명이 모여 '전국농촌사목협의회'를 창립했다.

JAC 전국본부는 시범사업으로 구미본당 3개 공소에 JAC를 조직하고, 야간학교 운영, 협업양계, 협업농장, 신협, 협업양돈장을 경영했다. 대규모 협동농장이라 인근 농업고등학교 학생들이 견학도 오고, 주민들도 찾아왔다. 1968년에는 협업농장에서 양송이를 대규모로 재배했는데, 시범 양송이 재배농장으로 육성할 정도로 큰 규모여서 전국에서 견학을 오고 박정희 대통령도 방문했다.

개인의 변화에서 사회로 시선을 돌리다

하지만 양송이 농장은 곧 '망송이' 농장이 되었다. 정부가 권장하면 다 망한다고 해서 양송이는 '망송이', 양돈은 '망돈', 양계는 '망계'가 되는 식이었다. 농촌 청년을 아무리 교육하고 양성해도, 농민 개인의 변화로는 농촌의 문제가 해결되지 않았다. 정부의 잘못된 농업정책으로 농촌 현실은 점점 더 열악해지기만 했다. 1970년 농업인구는 전체 인구의 44.7%로 10년 전보다 12.3%나 감소했다. 공업 위주의 불균형한 경제성장 정책으로 농가 경제가 어려워지고, 대규모 이농현상이 심화되었기 때문이다. 기껏 청년 지도자를 양성해도 자꾸 도시로 떠나고, JAC 조직은 혼란에 빠졌다. 17세부터 35세까지 가톨릭 농촌 청년들만을 대상으로 하는 JAC 운동만으로는 한계에 부딪혔다.

JAC는 JOC 정신으로 시작되기도 했지만, 제2차 바티칸공의회를 거치며 나온 「어머니와 교사」, 「지상의 평화」, 「사목헌장」 같은 새로운 교회문헌은 사회 구조적 문제를 볼 수 있는 시선을 열어주었다. 외국 자본에 의존해 저임금을 토대로 한 경제성장 정책으로 농촌경제가 더 악화되는 상황에서, 새로운 농민운동의 방향 모색이 필요했다.

1971년 11월 결성한 '가톨릭농민운동 조직강화위원회'에는 각 교구에서 선정한 대표와 전국본부 임원 등 17명이 모여 '한국가톨릭농촌청년회'를 '한국가톨릭농민회'로 개칭하여 회원의 대상을 청년에서 전체 농민으로 넓히고, 가톨릭농민회 운동의 목적을 "농민의 권익 옹호와 사회정의 실현"으로 결정하는 등 농민운동의 방향을 전환하기로 했다.

1972년 4월 열린 제3회 전국대의원총회에서는 가톨릭농민회로 조직을 개편하고 분도회 이동호 아빠스를 총재로 추대하고, 이길재를 회장으로 선출했다. 물심양면으로 농민회를 지원했던 분도회는 1972년 3월에 공식적으로 가톨릭농민회의 법적 보호자이며 경제적 후원자라는 내용의 협약을 체결했다. 한국천주교주교회의 인준을 받기 전까지 그 협약은 유지된다는 조항도 달았다. 대외적으로는 교황청 산하 가톨릭농촌단체인 '국제가톨릭농촌단체협의회(ICRA)'에 회원국으로도 가입했다. 주교단은 1976년 4월이 되어서야 가톨릭농민회를 공식단체로 인준했다.

"농촌문제에 접근하고 한 걸음씩 나가면서 우리 스스로 깨닫고 공부했어요. 농업경제 전문가나 교수들을 초청해 강의도 듣고, 좋은 책이 있으면 같이 돌려보기도 했어요. 예전에는 부지런히 협동만 하면 잘사는 줄 알았는데, 아무리 부지런히 일하고 협동해도 정책이 잘못되면 소용없다는 사실을 깨달았죠. 정책을 해결하려면 정치적 활동을 해야 한다는 인식으로 나아가니, 기득권을 가진 기존의 정치권력에는 눈엣가시였죠. 그들은 보수적인 주교나 사제들에게 가톨릭농민회에 대해 부정적인 정보만 제공했어요. 가톨릭농민회는 이름만 가톨릭이고, 좌파운동을 하는 사상운동이라는 음해가 많았어요. 그래서 우리는 주교회의의 인준을 받으려고 계속 애썼어요. 인준을 받아야 교회가 합법적인 배후가 되니까요. 각 교구 단위 회장단이 지혜롭게 잘했어요. 보수적인 주교님이나 신부님이라도 일부러 더 열심히 찾아다니며 활동을 설명하고 그랬죠."

1970년부터 정부가 새마을운동을 시작하자, 한국천주교중앙협의회 사무총장 신부는 구미까지 내려와 가톨릭농민회가 새마을운동에 앞장서라고 권하기도 했다. 그러나 가톨릭농민회는 친정부 운동이 아닌 농민 권리 옹호 운동, 교회 울타리를 넘어서는 운동 방침을 고수했다. 분회장 이상의 간부는 정당 가입을 막는 원칙도 세우며, 정부나 교회에 휘둘리지 않으며 자기 자리를 지키고자 했다.

잘못된 농업정책에 대한 항의

가톨릭농민회는 조직과 운동 방향을 개편한 이후, 사회과학적 근거로 농업과 농민 문제를 본격적으로 제기하기 시작했다. 「농지임

차관계조사」(1974년), 「쌀 생산비조사」(1975, 1976년)를 통해 실증 자료로 문제를 제기하고 대정부 건의문을 발송해 여론을 조성했다.

"합리적이고 이론적으로 문제를 제기했습니다. 농민들이 못 사는 제도적 이유가 있다는 근거를 찾았어요. 예를 들어, 실제 농사짓는 사람들이 땅을 가져야 하는데, 다른 사람이 땅을 다 차지하고 농민은 소작인으로 전락했다는 사실을 농지임차관계조사를 해서 발표했죠. 농민의 약 30%가 소작인으로 나왔는데, 소작료를 주고 나면 농사 수지가 안 맞는 거예요. 그런 문제를 제기했습니다. 또 쌀 생산비 실태조사를 해서 1년 동안 쌀 80kg 한 가마니 생산비를 산출했는데, 정부 수매가는 턱없이 낮아 농민을 보호하지 못하는 현실을 구체적으로 지적했습니다. 물론 정부도 농협을 통해 조사했지만, 조사결과가 우리와 달랐어요. 우리는 교구마다 농민회원 20~30명을 조사원으로 선발해서, 1년 동안 일기를 쓰듯 비료와 인건비 등을 기록했습니다. 그렇게 정부의 곡물가격 보호정책이 허구였음을 폭로했습니다. 교구마다 추수감사절대회 때 그 조사결과를 유인물로 만들어 돌렸어요. 실제로 농사짓는 사람들이 직접 조사했기에 반박할 수 없었죠."

1976년 가톨릭농민회가 주교회의에서 교회의 공식단체로 인준받자 공신력은 더 높아졌고, 각 교구에서 가톨릭농민회에 대한 지원과 협력도 늘었다. 가톨릭농민회는 전국본부의 기능을 효율화하려고 교통의 중심지인 대전으로 이전했다.

1970년대 후반에 이르러 정부는 수출을 더 많이 하려면 수입 역시 많이 해줘야 한다며, 농산물을 대량 수입하기 시작했다. 폭락하는 농축산물 가격에 농민들은 빚더미에 눌려 더 급속히 농촌을 등졌다.

1970년대에 가톨릭농민회는 특히 '농협의 민주화'를 주요 과제로 활동했다. 당시 농협은 협동조합의 근본 원리인 농민의 참여와 민주적 운영을 무시한 관제농협이었다. 부당한 방법으로 농민들을 강제 출자시키고, 농약이나 예금을 강매하는 문제를 개선하고자 했다. 그러던 1976년 11월, 농협의 부당한 고구마 수매 약속 불이행으로 전라남도 함평군 고구마 재배 농가가 막대한 피해를 보았다. 농민들이 피해보상을 요구했지만 농협이 대책을 세우지 않자, 가톨릭농민회를 중심으로 농민들의 피해를 조사하여 피해보상 운동을 전개했다. 이 사건은 2년 가까이 이어져, 1978년 4월 24일 광주 북동성당에서 농민의 기도회를 개최하고 무기한 단식농성 투쟁에 들어갔다. 단식농성 8일 만에 농협은 마지못해 피해보상을 약속했는데, 이 사건을 계기로 농협이 고구마 수매자금 80억 원을 유용한 대규모 부정 사건이 폭로되었다. 함평고구마 사건은 한국전쟁 이후 농민단체가 정부와 싸움에서 처음으로 승리한 역사적 사건이다.

한편 유신정권 말기에 이르러 정부는 본격적으로 가톨릭농민회를 탄압하기 시작했다. 1978년 2월에는 가톨릭농민회 춘천연합회에서 발간한 농민회 홍보자료에 유신정권 말기 대학생들의 시위 소식과 농업정책에 대한 비방이 있다고, 3명의 간부가 긴급조치 9호 위반으로 구속되어 실형을 받았다. 또한 1978년 경북 영양에서는 농협에서 알선한 감자씨를 심었는데 싹이 나지 않아 농사를 망치자, 안동교구 가톨릭농민회가 나서 피해보상을 받았다. 그런데 1979년 이 보상 활동에 앞장섰던 오원춘 분회장이 한 달간 납치와 감금 테러를 당하는 일이 벌어졌다. 안동교구는 이 사실을 전국에 폭로했고, 이로 인해 사제와 가톨릭농민회 간부들이 구속되며 전국적인 사건으로 확산되었다. 이길재는 이 사건을 가톨릭농민회 활동 중 가장 기억에 남는 사건으로 꼽았다.

"감자 피해보상을 요구한 오원춘을 타락한 농촌 청년으로 만든 사건이었어요. 신부님들도 잡혀가고 희생이 너무 심했어요. 오원춘은 지금 건강이 많이 좋아졌지만, 아직도 후유증이 있어요. 그런 예가 많습니다. 붙잡혀가고 끌려가고. 대구에서 오원춘 재판을 할 때, 우리가 몰려가서 재판장을 둘러싸기도 했습니다."

가톨릭농민회는 농민 문제를 넘어서서 한국사회의 민주화를 위해 늘 앞자리에 있었다.

"유신 시절 가톨릭농민회는 연대활동을 많이 했어요. 전국조직이니 우리에게 기대가 많았어요. 그래서 할 수 있는 만큼 해주었지요. 그야말로 연대활동이었습니다."

봉사가 아니라 운동이다

농민들의 권익을 위해 투쟁하면서, 가톨릭농민회는 신앙단체가 아닌 운동단체라는 비판도 많이 받았다. 이에 이길재는 가톨릭농민회가 사회를 변화시키는 천주교 사회운동이라는 사실을 힘주어 강조한다.

"가톨릭농민회는 교회를 위해 봉사하거나 신자 수를 늘리기 위해 선교하는 단체가 아니잖아요? 다만 예수 그리스도의 정신으로 농촌사회를 변화시키는 데 목적이 있었지요. 농민들이 가난하고 못 배웠지만, 하느님의 아들딸 아니에요? 존귀한 농민들이 어떻게 자기 위상을 회복할 수 있을지, 우리 힘으로 각성하고 해내겠다는 거였죠. 우리는 예수님이 성경을 통해서 말씀하신 것처럼 실천하는 데 목적을 두었어요. 실천 없는 믿음은 빈 꽹과리와 같죠. 실천은 우리 생활 속에서 무엇을 해결할지 스스로 판단하고 해결을 위해서 노력하는 거예요. 그게 천주교 신자가 할 일이 아니라고 하는 건 그냥 공짜로 밥만 얻어먹으라는 이야기죠."

그는 20여 년의 가톨릭농민회 활동을 마치고 농촌으로 돌아가 현장의 농민이 되고자 했으나, 1985년 재야운동의 중심이던 한국교회사회선교협의회 총무를 맡으면서 민주화운동으로 불려 갔다. 오랜 시간이 지난 지금, 2,000여 평의 땅에서 나무를 키우는 농부로 지낸다는 그는 농민운동에 오랫동안 투신한 원동력을 '사명감'이라고 말한다.

"예수 그리스도가 요구하는 사명이었어요. 그렇게 생각하고 100% 복종은 아니더라도 40~50%라도 복종하자는 것이 우리 운동이었어요. 운동은 사명감 없이 못 하는 거잖아요."

대전환의 시기, 생명 평화의 공동체를 꿈꾸며

전 가톨릭농민회 사무국장 정성헌

1960년대 중반 출범한 한국 가톨릭의 농민운동은 1970년대 후반 박정희 정권의 중화학공업 우선 정책에 맞서며 민주화운동의 한 축으로 성장했다. 가톨릭농민회(이하 가농)는 1964년 가톨릭노동청년회JOC 안의 '농촌청년부'로 시작해 1966년 '한국가톨릭농촌청년회'로 독립한 뒤 1972년 '가톨릭농민회'로 공식 출범했다. 초기에는 "농협의 민주화", "농업의 협동화와 조직화"를 내걸고 협업적 대농 경영, 농촌신용조합의 보급과 육성 운동에 주력했다. 1976년 한국 천주교의 공식 단체로 인준받아 대전으로 본부를 옮긴 이후 유신정권에 정면으로 맞서기 시작했다. 1970~1980년대 농민운동은 가농이 주도했다고 해도 지나친 말은 아니다. 평생 가농 운동에서 배우고 활동한 정성헌을 만났다.

"성공하지 못하더라도 실패하지 않는" 운동

정성헌은 1977년부터 1995년까지 가톨릭농민회에서 활동했으며, 우리밀살리기운동 본부장도 지냈다. 20년 가까이 남북강원도협력협회에서 봉사했고 2010~2013년 민주화운동기념사업회 이사장을 지낸 뒤 2018년 2월부터 새마을운동중앙회를 이끌고 있다. 그는 평생을 '운동'으로 일관해왔으며, '운동가'라는 말을 선호한다.

"요즘 운동가라는 말보다 이슈나 이벤트 중심의 단발적인 행동을 강조하는 활동가라는 말을 더 선호하는 듯해. 사회운동은 항상심으로 꾸준하게 하는 거야. 우리 운동이 활동 중심으로 되다 보니 사무국 중심, 피케팅 중심으로 바뀌었어. 또 이런저런 활동을 몇 년 하다가 정치 쪽으로 가려는 사람이 많은데, 그건 운동이 아니지."

운동가로서 정성헌의 삶은 1964년 한일회담 반대운동에서 시작한다. 박정희 정부는 한일회담을 통해 국교를 정상화하고 일본의 자본을 끌어오고자 했다. 당시 한일회담에 대해 반대한 것은 그 자체에 대한 반대라기보다 그것이 '한미일 삼각 안보체제'라는 세계전략의 차원이지 우리가 주체가 되지 못했기 때문이다. 그래서 정확하게는 '굴욕적인' 한일회담이었기 때문에 반대한 것이다. 이 운동에 참가했을 당시 그는 대학 신입생이었고, 이는 운동가로서 그의 삶이 순탄치 않을 것이라는 전조와도 같았다. 정성헌은 평생 6번의 재판과 4번의 옥고를 치렀다.

한일회담 반대운동 이후 운동가의 길로 들어선 그는 20개월가량 고등학교에서 역사를 가르치기도 했다가 1977년 가농에서 연락이 오자 사표를 내고 가농 전국 본부로 갔다. 당시 가농에서는 한국의 토지 소유관계를 정밀하게 조사했다. 토지 소유관계가 상당히 악화되었다는 것을 발표해 사회에 큰 충격을 주기도 했다. 산업화가 본격화하면서 저곡가 정책을 유지해야 했고, 이는 저임금 기조를 지속해야 하는 악순환이 불러왔다. 정성헌은 가농에 들어가 쌀생산비 담당자로 처음 일을 시작했다. 쌀농사를 하는 데 몇 시간이 투여되는지 시간을 확인하면서 일지에 일일이 기록하는 등 치밀한 현장 조사를 바탕으로 본격적인 쌀생산비 보장 운동을 전개했다. 1978년 11월 13~14일에는 강원 지역 농민 1,200여 명이 원주에서, 16~17일에는 대전에서 중부 지역 농민 800여 명이, 11월 21~22일에는 경북 상주 함창에서 영남 지역 1,000여 농민들이, 11월 27~28일에는 광주에서 호남 지역 1,300여 농민이 집회를 열었다. 이 쌀생산비 보장 운동은 1980년대 중반까지 계속되었다.

정성헌은 가농 활동을 통해 농촌과 농민에게서 많은 것을 배웠다고 하는데, 특히 삶의 현장에서 벌어지는 일을 과학적으로 접근하는 것을 매우 중요하다고 본다. 또한 운동가는 현장에 늘 가까이 있어야 하고 일상적인 반성이 필요하다고 강조한다.

"내가 자주 하는 이야기가 있어. 나는 운동이 성공하는 방법은 모르지만, 실패하지 않는 방법은 잘 알아. 자주 못해도 가끔은 반성하고, 현장을 가까이하면 실패하지 않지. 사무실에서 자기들끼리만 뭘 하려니까 실패하는 것이지."

가농에서 만난 하느님

당시 가농은 1976~1978년 '함평 고구마 피해보상 투쟁', 1977년부터의 '농협 민주화운동', 1978년 안동교구 청기 분회장 오원춘 납치 사건, '쌀값·생산비 보장 운동', 1979년의 '노풍피해 보상 운동', 안동교구의 '새품종 감자농사 피해 보상 운동' 등 1970년대 말 농민운동을 힘차게 이끌었다. 박정희 유신독재는 이런 운동에 위기감을 느껴 가농을 탄압하기 시작했다.

당시 유남선이 회장으로 있던 춘천교구 가농에서 1977년 12월 27일자 유인물을 통해 농협의 구조적 문제를 비판하자 공안당국은 유 회장과 총무 김문돈, 가농 전국본부 협동사업부장이었던 정성헌을 연행했으며 긴급조치 9호 위반으로 1978년 4월 구속했다.

가농은 춘천농민회 사건을 조직에 대한 탄압으로 간주하고 전면적 싸움을 전개했다. 가농은 유신정권에 눈엣가시였고, 이 사건 이후 유신 정권에 대한 정치적 투쟁이 가속화되었다. 많은 이가 이 사건으로 교회의 사회적 역할이 활발하게 논의되었기에 순기능을 하게 되었다고 평가한다.

그는 1978년 춘천 가톨릭농민회 사건 당시 최후 진술에서 "나는 감방 안에서 매일 성경을 읽으면서 주님을 묵상하고 주께서 나에게 무엇을 원하는지 생각했다"고 했다. 이 사건 이전까지만 해도 그는 신자가 아니었다. 정성헌이 독방에서 이감되자 같은 방의 수감자가 가톨릭 사제인 줄 알고, 함께 성서공부를 하자고 제안했다.

"계속 아니라고 부정했는데, 아니라고 할수록 진짜 신부인 줄 아는 거다. 할 수 없어서 마음속으로 기도하기를 '하느님 그러면 제가 성서를 딱 펼쳐서 나오는 내용부터 공부를 하겠습니다' 하고 딱 펼쳤는데 '착한 사마리아인 이야기'가 나왔어. 이 내용은 이야깃거리가 많아서 말하기 좋았는데, 그렇게 공부를 시작했어. 이 사람들이 점차 신심이 생겨서 양말을 풀어 십자가를 만들어 천장에 걸어놓고 뭐 그렇게 되니까 감방 분위기가 아주 경건해지고 나도 신심이 생기는 걸 느꼈지."

그는 감옥을 나와 세례를 받았다. 가농은 신자 중심이지만 2차 바티칸공의회 정신의 영향으로 이후 비신자도 받아들였다. 처음에는 세례를 거절했는데, 세례를 받은 후에는 부담이 되어 더욱더 열심히 성서를 공부하기 시작했다.

정성헌은 당시 가농의 지도신부를 높이 평가하고 존경한다. 그에게 세례를 주었던 이종창 신부는 행동하는 사제로서, 가농 회원이던 오원춘 납치 사건이 일어났는데도 소극적으로 대응한 고위 성직자들을 거칠게 비판한 것이 빌미가 되어 성무정지 처분을 받기도 했다. 정호경 신부는 현장교회에 희망이 있고, 농촌도 공소에 희망이 있다며 공소사목을 중시했다. 이런 그의 생각은 『나눔과 섬김의 공동체』(1984)라는 실천적인 농민사목서에 담겼는데, 당시에는 개인 구원과 사회 구원이 함께 이루어져야 한다는 신앙관이 가농 회원들 사이에 무르익었다.

군사정권 시절에는 운동조직의 힘이 약하다 보니 종교의 역할이 매우 컸다. 신구교가 일치해야 한다며 사회선교협의회를 만들었는데, 개신교에서 대표를 맡으면 천주교 쪽에서 총무를 하고, 이런 식으로 분담을 했다. 또 외국교회의 도움도 많았다. 정성헌은 교회 내외에서 논쟁이 되어온 '외피론'을 '방풍림 역할'을 한 것으로 보고 긍정적으로 평가한다.

"가령 엄혹한 시절인 1982년 최열이 국내 최초 환경운동단체인 공해문제연구소를 만들고 세차게 운동을 벌여나가는 데는 울타리가 필요하단 말이지. 그러니까 이사장은 사제가 맡고 소장은 목사가, 또 우리 같은 사람들이 이사를 맡아주어야 해. 그러면서 막아줘야 해. 그렇게 종교가 방풍림 노릇을 해주어야 하는 거지. 종교와는 상관없는 조직이라도 이런 상황에서 종교가 외피가 되어주는 건 좋은 일이라고. 그렇게 공해문제연구소가 발전해서 공해추방운동연합(공추련)이 되고 나중에 환경운동연합으로 거듭나잖아. 종교외피론을 이야기할 때, 부정적 요소가 있을 수도 있지만 긍정적 요소도 같이 봐야지."

가농은 작아졌지만 갈 길을 찾아갔다

1987년 6월항쟁 이후 전국적인 단일 농민조직의 필요성이 제기되었다. 그때 정성헌은 가농의 사무국장으로 활동했는데, 내부에서는 '대전환'의 논의가 있었다. 억압적인 정권과 싸우다 보니 주로 대정부 투쟁에 깊이 몸담게 되었는데, 가농이 원래 하고자 한 것은 생명공동체 운동이었다. 그런 운동노선의 전환은 개량주의로 몰려 비판받기도 했지만, 정성헌은 그 방향이야말로 가농이 처음부터 갖고 있었던 정신이라고 설명했다.

"둘쭉날쭉하겠지만 대세는 민주화의 길로 갈 것이다. 이제는 우리가 원래 하기로 했던 본령인 생명 공동체 운동을 하자. 그렇게 하려면 우리는 '작은 가농'이 되는 것이 좋겠다. 그렇게 논의가 되면서 스스로를 내려놓고 줄인 거지. 당시 가농이 모든 농민운동 역량의 한 60% 이상은 되었다. 각 교구 가농 총무를 모아놓고 그렇게 결정을 하면서, 1990년에 출범한 전국농민회총연맹(전농)에서 어떤 직책도 맡지 말자고 했지. 우리가 직책을 맡으면 도로 가농이 된다고 말야. 좋은 뜻으로 힘 있는 가농 같은 단체가 새로 창립하는 조직을 장악하지 않고 양보해서 더 큰 단일조직을 밀어주기로 결정했어."

사실 가농은 1987년 6월항쟁의 연합전선인 민주헌법쟁취국민운동본부(국본)에서도 핵심적 역할을 수행했다.

"당시 나는 가농 사무국장을 맡으면서 국본 상임집행위원이었고, 가농 조사부장을 국본 조직국장으로 파견해 이 조직의 핵심 실무를 맡게 했지. 또 조직과 활동을 총괄하는 국본 사무처장은 가농 전임 사무국장이었던 이길재가 맡았으니 가농 간부들이 국본 주요 간부직에 다 포진이 된 거야. 공동대표, 사무처장, 상임집행위원, 조직국장이 모두 가농 출신이었던 셈이지."

국본은 시군 단위가 90여 군데였는데, 그때 가농이 직간접적으로 만든 곳이 한 60여 곳이었다. 그 정도로 막강한 힘을 가졌던 가농이 '작은 가농'으로 가겠다고 할 때는 상당한 용기가 필요했다고 한다.

'작은 가농'으로 조직을 전환하려면 그것을 설명하고 이해를 구해야 했다. 한번은 한 지역에서 '우리끼리도 충분한데 뭐하러 전농 같은 조직을 하느냐'는 반발도 있었다. 또 가농 회원이 150여 명이면 세례를 받은 이들이 몇 명 되지 않은 상황이어도 가농은 신자냐 비신자냐가 중요한 게 아니라 운동이 중요하다고 보고 가리지 않고 다 포용했다고 한다.

"천주교 중앙인 주교회의에서 보자니 가농이 정치적으로 깊이 관련된 운동이 세고 말도 안 듣고 하니까 가농 전국본부를 해체하라는 결정을 했어. 그때 전국 지도신부 회의가 열렸는데, 그러면 '가톨릭' 떼고 그냥 농민회로 가자는 이야기가 나왔지. 한 신부가 '가톨릭' 떼고 그냥 '한국농민회'로 하면 되지 뭐하러 가톨릭에 연연하냐고 할 때, 그것을 우리가 말렸어. 아마 이런 말은 처음 들을 텐데, 그걸 제안한 게 사제였다고. 그때는 그런 일이 가능한 분위기였어."

나중에 그때의 상황을 회상할 때면 '가톨릭'이라는 이름을 떼지 않은 것은 잘한 결정이었다고 여긴다. 정성헌은 당시에는 허심탄회하게 평신도와 사제가 그런 대화가 가능했는데, 언젠가부터 그런 분위기가 사라진 게 아쉽다고 했다.

그때는 현장에 투신해야 한다고 생각한 사제가 많았다고 한다. 정호경 신부는 주교들이 바뀌어야 한다고 보고 가농과 힘을 합쳐서 주교가 농촌활동(농활)에 참여하는 프로그램을 조직하기도 했다. 윤공희 대주교를 비롯해 몇몇 주교가 공소에 가서 지내며 농활을 하면서, 농민 신자들과 많은 이야기도 나누었다. 가톨릭대학교 신학생들도 가농에서 교육을 받고 농활에 참여했다. 하느님 백성의 교회는 민중의 교회이며, 현장에 있다는 분위기가 있었다는 것이다.

생명 평화 운동, 고도의 정치성과 고도의 종교성이 만나야

그는 10여 년 전, 민주화운동기념사업회의 문국주 상임이사의 초청으로 "민주화운동의 반성과 과제"를 주제로 강연을 하게 되었다. 그때 정성헌은 "앞으로 운동은 고도의 정치성과 고도의 종교성이 통합되지 않으면, 세상을 바꾸지 못한다. 지금의 운동으로는 안 된다"고 했다. 그는 앞으로 운동은 영성과 세상의 치유로 가야 한다고 이야기한다.

1970~1980년대의 급박한 투쟁 때문에 부각되지 않았지만, 가농은 이미 생태생명운동에 많은 관심을 가졌다. 1970년대 중반부터 그때만 해도 잘 인식되지 않았던 농약의 피해를 알리고 농약을 안 쓰거나 덜 쓰는 농법을 연구하고 전파하는 일을 했다. 1980년대 생명 공동체 운동에 주력했고, 따라서 '작은 가농'으로 전환은 본래 가농이 가고자 했던 길이었다. 그것을 대중적으로 전개한 것이 우리밀살리기운동이었다. 그때 정성헌은 우리밀살리기 운동본부장으로 파견되었는데, 고 백남기 농민도 가농 활동을 함께했던 동료였다. 우리밀살리기 운동은 그때 15만 8,000여 명이 모금에 참여했을 정도로

큰 반응을 이끌었지만, 1997년 외환위기 이후 급격하게 사업이 어려워지자 정성헌은 책임을 지고 사퇴했다. 그때 그는 이렇게 말했다고 한다. "우리는 광장에서는 승리했고, 시장에서는 고전했다."

그가 우리농촌살리기운동 과정에서 가장 아쉬웠던 것은 교회의 생명 공동체 운동에 대한 이해의 부족이다. 우리농운동은 생명의 먹거리를 매개로 도시와 농촌이 서로 협력하고 공존하는 공동체를 만들자는 것이 목적이다. 하지만 교회 중앙은 유기 농산물이라는 상품 중심으로 사고하여 우리농을 그저 유기 농산물을 사고파는 상품매장 관리쯤으로 인식했다는 점이다. 그는 생명생태운동으로서 유기농 교육을 중심으로 농민이 자발적으로 유기농의 주체적인 생산자가 되고, 또 이를 소비하는 도시 본당은 상품을 소비하는 소비자를 넘어 생명운동에 동참하는 공동체적 관계를 강조했다. 그러나 그의 이런 생각은 교회 중앙과 차이가 있었고, 끝내 그는 우리농을 떠나야만 했다. 그에게 이 경험은 매우 쓰라린 것이었다.

그는 1998년에 고향 근처인 춘천시 북산면 부귀리 농촌마을로 귀농해 선후배들과 함께 '생기마을'을 만들고 북산면 지역발전운동에 나선다. 한편 분단의 고통이 남아 있는 DMZ 일원을 자연과 생명·평화의 근거지로 만들기 위해 '한국 DMZ 평화생명동산 운동'을 구상했으며, 이 운동은 2009년 9월에 'DMZ 평화생명동산'이 정식 개관함에 따라 결실을 보았다.

이후 그는 민주화운동기념회 이사장을 거쳐 2018년부터 새마을운동중앙회 회장으로 활동하고 있다. 관변단체로 인식되던 새마을운동의 수장으로서 이 단체에 새로운 변화를 주도하고 있다. '근면·자조·협동'이라는 기존의 캐치프레이즈를 '생명·평화·공경'으

케나프 밭.(우) 유기농 태양광발전소.(좌)

로 대전환했고, 작년 6월에는 새마을운동 50주년을 맞아 '생명살림국민운동'이라는 기후위기와 전면적인 생명의 위기에 맞서는 대전환을 선언하기도 했다. 이에 따라 '1건(建, 유기농 태양광발전소 건설)·2식(植, 나무와 케나프(양삼) 심기)·3감(減, 화석에너지·비닐과 플라스틱·수입육고기 30% 감소) 운동'을 전개하고 있다.

인터뷰 전에 우리 일행은 그와 함께 새마을연수원 안에 있는 케나프 밭과 유기농 태양광발전소를 둘러보았다. 그곳은 곳곳이 거대한 생태 실험장처럼 느껴졌다. 그의 케나프 예찬은 여러모로 솔깃했다.

"케나프는 1년생 풀이라 나무에 비해 금방 자라지. 지금 키우는 것 중 제일 크게 자란 게 5미터가 넘었어. 기후위기 극복에 케나프가 좋은 점은 빨리 큰다는 것도 있지만 광합성을 많이 한다는 점이야. 그만큼 온실가스인 이산화탄소 흡수량이 많은데, 통계로 봤을 때 상수리나무의 10배, 소나무의 9배, 나무 평균으로 4배가 조금 넘는다고 하지."

새 하늘, 새 땅을 여는 대희년을 선포하자

평생을 생명 평화 운동에 진력한 그에게 기후위기를 비롯한 생태위기의 시대에 교회가 어떠한 역할을 할 수 있을지 묻지 않을 수 없었다. 정성헌은 가톨릭교회의 여러 가능성에 주목했다. 우선 대중이 가톨릭교회를 긍정적으로 바라보기에, 공의회 문헌을 비롯한 주요 문헌에 담긴 중요한 가르침을 생활 속의 실천신앙으로 이끌어간다면 신자와 비신자에게 큰 영향을 미칠 수 있다고 말한다.

"가톨릭이 제대로 하면 세상을 바꿀 수 있다. 천주교가 갖고 있는 땅만 해도 엄청 많아. 그것을 먹거리와 에너지를 대전환하는 데 쓰기만 해도 상당한 교육적 효과가 있어. 그렇게 개벽을 하자는 것인데, 그러자고 하는 분이 프란치스코 교황이잖아."

팬데믹 상황이 장기화하고 따라서 비대면이 오래되고 있다. 처음에는 학교에 안 나가니까 좋아하다가 나중에는 좀이 쑤셔서 친구들과 만나 같이 공부하고 싶어 하고, 부모들도 아이들을 못 보니까 힘들어하면서 사람들의 만남이 얼마나 소중한지 깨닫게 되었다. 그는 아무리 비대면이 대세가 되어도 사람은 결국 궁극적 존재로서 하느님을 만나고 싶어 하는 것처럼, 서로 만나지 않을 수 없다고 한다. 그런 관점에서 볼 때 팬데믹 상황은 대단한 대전환의 계기가 될 수 있다.

지금이야말로 생명, 평화, 공동체 운동의 지향 가치를 잘 정립하고, 그것을 생활현장에 쉽게 실천하고 드러낼 수 있게 하는 새로운 각성과 노력이 필요하다. 그는 진짜 개벽, 이른바 대전환을 이야기한다. 교회는 민주화운동 시기에 독재에 맞서 역할을 했듯이, 지금 대전환기에 무엇을 해야 할지 스스로 선포해야 한다. 교회 지도부부터 해서 그것을 해야 하고, 만약 하지 않으면 신자들이 그것을 요청해야 한다. 대전환을 하느님께서 요구하신다는 것을 자꾸 이야기해야 한다는 것이다.

그는 교회에서 개벽, 우리식으로 말해 대희년을 선포하고 실천하자고 한다. 지금처럼 힘든 코로나 시기에 천주교부터 땅을 팔아서 무언가를 하고, 천주교부터 세를 안 받거나 확 깎아주거나 하는 조치를 하자는 것이다.

"무언가를 해야지. 아무것도 하지 않고 대희년이 되겠어. 그냥 기다리지 말고 직접 나서야지. 예수님도 그렇게 젊은 나이에 직접 나선 거잖아. 이제는 나서야지."

교회가 지금 상황에서 뭐라도 하지 않는다면 그 교회는 멈춰 있는 교회일 것이다. 뭐라도 하는 교회, 정성헌은 이런 제안도 해본다.

만약 명동 성당에서 전기요금이 1년에 한 5억이 나온다고 할 때 본당 신자들 모두가 지혜를 모아 한 해 1억을 아껴보고, 그것을 다양한 용도로 써보는 일도 있다. 그곳에서 일하는 직원 중에 가장 어려운 사람에게 주어도 좋고, 아니면 명동성당에 나오는 신자 중에서 가장 가난한 집안의 아이들 30명쯤을 뽑아 1년간 진짜 생명의 교육을 시키는 것도 방법일 수 있다. 그러니까 굳이 가진 것을 팔지 않고서도, 아껴서 나눌 수 있다는 것이다. 만약 명동성당에서 시작하면 각 교구에서도 따라 할 것이나, 스스로 먼저 하는 것이 중요하다. 그는 그렇게 스스로 하다 보면 자부심이 생겨난다고 하며, 생각은 크게 하고 실천은 그렇게 구체적으로 해야 한다는 점을 재차 강조한다.

정성헌이 말하는 희년 이야기는 가슴 설레게 하는 대목이다. 그가 새마을운동중앙회장 취임식에서 말했던 "착안대국(着眼大局) 착수소국(着手小局) 실사구시(實事求是) 정도실천(正道實踐)"은 그가 제시한 희년정신 또는 희년실천과 관련해서도 많은 점을 시사한다.

"큰 흐름을 읽은 다음 실행은 작은 것부터 구체적으로 하나씩 풀어가라. 그리고 실천의 장으로 들어갈 때는 이념과 편견의 굴레에서 벗어나 실사구시로 편법을 쓰지 않고 나아가야 한다. 사실 작은 겨자씨 같은 존재가 많은데, 먼저 시작하면 그 목소리가 여기저기서 나오게 된다. 시작할 때 보잘것없겠지만 처음부터 좌절할 필요가 없다. 그렇게 이어지면 뜻도 모이고, 힘도 모이겠지. 일단 자기부터 시작해야지."

도시빈민운동

김혜경

자선이 아니라 사람을 평등하게 세우는 빈민운동

천주교도시빈민회 전 회장 김혜경

한국천주교회의 빈민사목 역사와 관련해 『한국가톨릭대사전』은 1985년 조직된 '천주교도시빈민회'(이하 '천도빈') 이후의 역사를 중심으로 소개하지만, 그보다 앞서 1969년에 시작된 빈민운동이 빈민사목의 배경이라고 소개한다. 1969년은 빈민 운동가 김혜경이 김수환 추기경의 추천을 받아 연세대학교 도시문제연구소에서 제1기 주민조직화운동(Community Organizing, CO) 훈련을 시작한 때다. 도시빈민 선교를 위해 개신교와 천주교가 에큐메니컬(교회일치) 운동으로 추진한 이 교육에 김혜경은 천주교를 대표하는 훈련생으로 참여했다.

1960년대 한국사회의 급속한 산업화로 농촌의 젊은이들이 일자리를 찾아 도시로 몰려들면서 농촌에서는 이농 현상이 심각했고, 도시는 도시대로 노동의 문제와 가난한 이들의 주거권 문제가 심각해졌다. 1960년대 말, 도시로 몰려든 가난한 이들에게 복음을 전할 방법을 고민하던 그리스도인들은 그들이 사는 지역으로 들어가기

시작했다. 그 과정에서 지역 주민 조직 활동가로 양성된 김혜경은 지금 '빈민운동의 대모'라 불리듯 평생을 도시빈민과 함께했다. 김혜경 전 천도빈 회장을 만나 1969년부터 1985년 천도빈이 시작되기 전까지 한국천주교회 빈민운동의 초창기 역사를 들었다.

에큐메니컬 운동으로 시작된 빈민운동

1944년 황해도 해주에서 어부의 딸로 태어난 김혜경은 한국전쟁 때 아버지의 배를 타고 가족과 함께 피난을 내려왔다. 고깃배를 타고 남해와 서해의 섬을 떠돌다가 중학교에 들어가면서 인천 바닷가의 만석동에 정착했다.

중3 때 세례를 받았는데, 메리놀회 선교사였던 주임 신부는 그의 세례명을 '사라'라고 지어주었다. 교리교육을 받을 때 늘 궁금한

게 많아 질문도 많고 때론 치열하게 토론하는 그녀를 보며, 다 늙은 나이에 아들을 낳을 거라는 말에 솔직한 웃음을 지었던 아브라함의 아내 사라를 떠올렸나 보다. 나중에 지역 주민이 그의 원래 이름이 '김사라'인 줄 알았을 정도로, 김혜경은 이후 사라로 불렸다.

만석동에서 그가 다니던 송림동성당까지 걸어서 40~50분 거리였으나, 매일 새벽미사에 다닐 정도로 신앙생활에 푹 빠져 있다 보니 자연스레 수녀회 입회를 꿈꿨다. 하지만 불의를 참지 못하는 그를 잘 아는 주임 신부는 수녀원도 사람 사는 곳이라며, "너는 수녀회에 들어가면 그날로 원장하고 싸우고 나올 거다"라고 반대했다. 대신 평신도 단체인 국제가톨릭형제회(Association Fraternelle International, AFI, 이하 '아피')를 소개해주었다. 1965년 처음 명동 전진상회관을 찾아간 김혜경은 1967년 정식으로 입회해 수련을 시작했다. 가톨릭교리신학원에서 신학을 공부했지만, 수련 과정에서 배우는 아피 영성이 그를 더 많이 성장시켰다.

"아피에서 가르치는 신학은 해방신학에 가까웠어요. 온 우주에서 하느님을 보는 걸 훈련하게 했어요. 어떻게 복음을 생활화할지 늘 같이 묵상하고 토론하고 공부했어요. 3년 동안 수련받으면서 굉장히 많이 배웠고, 평생 이렇게 살 수 있는 것은 아피 정신 때문이에요."

김혜경은 아피 수련을 받으면서 1968년부터 현장 활동으로 주 1회 종로 사직터널 위 '개미마을'을 찾아가 무료급식을 돕고, 천주교 교리를 가르쳤다. 개미마을은 부랑아나 출소자들을 강제로 모아 '재건대'라는 이름으로 집단생활을 하게 했던 곳이다. 개미마을 사람들은 대부분 전과범으로 험상궂었지만, 그를 잘 따라서 곧 친해졌다.

그해 성탄절에 30명이 세례를 받았는데, 김수환 추기경이 와서 세례를 주었다. 추기경은 세상 사람들이 꺼리는 개미마을에서, 젊은 여성 평신도가 씩씩하게 활동하는 모습을 인상 깊게 보았다.

때마침 연세대학교 도시문제연구소에서 세계교회협의회(WCC)의 지원을 받아 도시빈민 지역 조직을 위한 교육 프로그램을 시작해 6명의 훈련생을 선발했다. WCC는 개신교와 천주교 훈련생을 섞어서 선발할 것을 요구했다. 사제나 수도자들의 여건은 그렇게 지역 안에 혼자 들어가서 훈련을 받기 어려웠다. 김수환 추기경은 평신도였던 김혜경을 훈련생으로 추천했다. 그렇게 1969년 1월부터 총 6개월의 양성 훈련이 시작되었다.

사회 구조적인 문제를 보게 한 지역 주민 조직 훈련

CO 훈련은 시카고 할렘가에서 흑인들을 조직했던 지역사회 조직 운동가 사울 앨런스키(Saul D. Alinsky)의 이론에 따라 화이트(Herbert D. White) 목사가 지도했다. 훈련생들은 오리엔테이션 기간에 각자 살아온 이야기를 했는데, 대부분 가난한 이들에 대한 동정심이 많은 이들이었다. 화이트 목사는 훈련생들이 도시빈민을 연민하지만, 그들을 대상화할 뿐 주체로 여기지 않는 점을 지적했다.

"화이트 목사는 가난한 사람들에 관해 이야기할 때, 처음부터 구조의 문제를 제기했어요. 내가 개미마을에서 일한 이야기를 소개하니, '죄를 지은 사람들을 재건대로 만들어 사회에서 격리하고 넝마주이를 시키는 게 정당하냐? 그들이 쓰레기를 주워서 자기 앞날을 설계할 수 있냐? 함께 어울려 사는 게 아니라 그렇게 사회에서 떼어 놓고 그들이 정말 재건할 수 있냐?'고 질문을 던졌죠. 내가 하는 건 그들을 동정하는 거지, 자립시키는 게 아니라고 했어요. 그때만 해도 사회에 대해 비판의식이 없었는데, 골치가 아팠어요."

각 훈련생은 서울 시내 각지의 산동네에 한 명씩 파견되어 1주일 동안 생활하고, 매주 월요일 연세대학교로 모여 생활보고를 했다. 화이트 목사는 따로 교육자료를 주지도 않고, 현장에서 무엇을 할지 아무런 설명도 하지 않았다. 각자가 알아서 생활하고, 그것을 매일 일기처럼 기록해 보고하게 했다. 그는 현장에서 무엇을 보고, 어떻게 생각하고 판단했으며, 어떻게 행동할지 '관찰-판단-행동'을 끊임없이 질문했다. 그리고 "근본적으로 무엇이 문제인가? 원인이 어디에 있나? 어떻게 사람의 의식을 변화시킬 수 있는가?"를 계속 짚어줬다. 복음에서 "깨어 있으라"라는 말이 무엇을 의미하는지, 어떻게 해야 깨어 있는 건지를 훈련하는 의식화 교육이었다. 그러면서 주민들과 가까워질 수 있는 여러 생활태도와 방법 등을 일러줬다.

김혜경은 창신동 지역에서 훈련했는데, 훈련을 시작한 지 얼마 지나지 않아 그곳에서 문제가 생겼다. 연세대학교 도시문제연구소에 제공된 자료 중에 서울시가 도심지 불량건축물 정리와 변두리로 인구를 분산한다며, 창신동과 청계천 등지의 판잣집을 철거하고 그곳의 주민 20만 명을 모두 경기도 광주군(지금의 성남시)으로 이주하는 계획이 담긴 자료가 있었다. 서울시에서는 훈련생들에게 각 지역 사람들에게 홍보하라는 차원에서 제공한 자료였지만, 김혜경이 창신동 사람들을 직접 만나 이 이야기를 전하니 주민들은 전혀 몰랐다며 깜짝 놀랐다. 낮에 주로 집에 있는 엄마들을 만나 이 계획과 관련한 이야기를 나누는 모임을 시작했다. 대부분 주민은 주위의 청계천과 평화시장에서 생계를 이어가던 이들이었다.

그리고 고향을 버리고 서울로 이농해왔을 때는 힘들어도 자녀들을 교육하겠다는 의지로 왔는데, 광주의 허허벌판으로 가면 생존권 보장도 안 되고 도저히 먹고살 수 없다며 주민들은 반대했다.

1969년 2월, 창신동 주민들은 강제 철거 반대 의사를 밝히려고 서울시청으로 몰려갔다. 군사정권 시절이라 남자들은 시위하다가 잘못된다고, 엄마들이 아이들을 업고 끌고 갔는데 그 수가 700명이나 되었다. 김혜경은 창신동 엄마들과 함께 싸우면서, 주민들의 조직화된 힘의 중요성을 생생하게 체험했다. 결국 창신동 주민들은 광주로 강제 이전하지 않고 임시주택을 지어 판잣집을 단계적으로 철거하면서, 새로 지은 낙산시민아파트에 대부분 다시 정착했다. 게다가 1970년 4월 와우아파트가 붕괴하는 사건이 일어나자, 서울시는 민심을 수습하고자 창신동 주민들이 원하는 지역활동센터까지 지어주었다. 그곳에서 주민들은 어머니학교, 불우청소년을 위한 야간학교 등을 운영하며 자치조직을 만들어갔다.

가난한 이들과 함께할 사제 양성의 씨앗을 뿌리며

그즈음 김혜경은 고민이 생겼다. 3년의 아피 수련 기간이 끝나면 입회 서약을 하고, 공동체 생활을 해야 했다. 아피에서는 김혜경이 당시 추진 중이던 안양근로자회관으로 가기를 기대했다. 하지만 한창 창신동 주민의 철거가 진행되는 상황에서 김혜경은 지역을 떠날 수 없었다.

그는 서약을 보류하고 계속 창신동 주민과 함께 지냈다. 6개월의 훈련이 끝나자 연세대 도시문제연구소는 창신동의 성공적인 지역운동 사례를 계속 이어가고 대학생사회개발단 학생들을 양성하는 프로그램을 만들기 위해, 김혜경에게 현장 활동가로 계속 일해 달라고 제안했다. 아피 모임을 하다가도 창신동에 일이 생기면 달려가야 했다. 결국 깊이 고민하던 김혜경은 아피를 그만두고, 창신동 주민과 함께 사는 삶을 선택했다. 김혜경은 낙산시민아파트에서 월세를 살며, 지역활동센터 사업을 도왔다.

그런데 1970년 여름방학에 김수환 추기경이 김혜경을 불렀다. 여름방학 동안 부제들에게 창신동의 경험을 가르치라고 했다. 추기경은 그에게 이렇게 말했다.

"사라야, 네가 우리 교회에 가난한 사람들과 함께하는 사제들을 키우는 씨앗을 뿌리는 거다. 지금부터 그 씨앗을 잘 키워야 한다."

그때부터 김혜경은 소명감을 갖고 여름방학마다 부제와 신학생들에게 도시빈민운동을 소개하며, 자신이 받은 CO 훈련을 압축해서 잘 전달하려고 최선을 다했다.

1972년 연세대학교 도시문제연구소 박형규 목사는 해외원조 없이 독립적인 빈민선교를 하겠다며 '수도권특수지역선교위원회'를 만들어 청계천 판잣집에서 활동을 시작했다. 그때 김혜경도 그 단체로 일터를 옮겼다. 하지만 그해 10월 유신헌법이 단행되고 1973년 4월 남산부활절연합예배에서 유신체제를 비판하는 전단이 배포되었는데, 그 배후에 수도권 특수지역선교회가 있다는 빌미로 관계자가 다 체포되었다.

1973년 7월에 청계천에서 진행할 예정이었던 신학생 훈련이 어렵게 되자, 김혜경은 추기경을 찾아가 의논했다. 추기경은 살레시오회 도요안 신부가 매주 난곡동 산동네 공소에 미사를 다닌다는 이야기를 듣고는 그를 연결해주었다. 도요안 신부는 자신도 이탈리아 살레시오 수도회에서 CO 훈련과 비슷한 현장 체험을 1년 동안 했다며, 같이 난곡동에서 신학생들을 훈련하자고 흔쾌히 승낙했다. 그렇게 신학생 훈련은 1978년경까지 계속되었다.

난곡동 주민이 되다

부제와 신학생들을 훈련하기 위해, 김혜경은 한여름에 매일 창신동에서 난곡동까지 버스를 타고 출퇴근했다. 그때는 결혼해서 세 살짜리 큰아이가 있고 둘째를 임신한 상태였다. 임신한 몸으로 큰아이를 등에 업고 매일 공소로 출퇴근하며 성실하게 신학생들을 훈련하는 모습을 보고, 난곡동 주민들은 그에게 호감을 보였다. 신학생 교육이 끝난 후에도 도 신부는 계속 난곡동으로 와서 어머니 교육과 피정을 맡아달라고 했다. 그렇게 김혜경은 점점 난곡동 주민들과 가까워졌다. 결국 1974년 6월, 온 가족이 난곡동으로 이사했다.

이제는 정말 동네 주민이 되어 밤늦게까지 난곡동 사람들과 수다를 떨며 어울렸다. 그녀는 동네 엄마들과 한 달에 한 번 100원씩 모아 점심을 먹는 '국수모임'을 만들었다. 국수모임 때는 사는 이야기를 나누면서, 동네에 개선해야 할 문제들을 파악하고 해결 방법을 모색했다. 1973년에 서울대교구 산업사목위원회가 만들어졌는데,

도요안 신부가 위원장을 맡고 김혜경은 총무로 활동했다. 정식으로 교회 안에서 일하게 되니, 난곡동 지역을 위해 필요한 도움을 교회에 요청하기도 수월해졌다.

난곡동 주민들에게 가장 시급한 문제는 의료 문제였다. 아직 의료보험 제도가 시작되기 전이라 가난한 이들은 병원에 가기도, 약을 지어 먹기도 쉽지 않았다. 난곡동 주민들의 의료 문제를 고민하던 김혜경은 마침 서울대학교 의과대학 가톨릭학생회 학생들이 주말 진료를 할 지역을 찾는다는 이야기를 듣고 난곡동을 소개했다. 그렇게 1974년 9월부터 의대생들이 난곡동 공소에서 주말 진료를 시작하게 되었다.

김혜경은 약값으로 100원씩 받자고 했다. 약을 공짜로 주면 잘 안 먹을 수 있으니, 주민들이 적은 돈이라도 내서 자기 건강을 스스로 관리하게 하자는 취지였다. 이건 화이트 목사에게 배운 방법이었다. 가난한 이들에게는 100원도 소중한 돈이라, 열심히 약을 먹어 치료효과도 좋았다. 그 돈조차 낼 수 없는 사람은 따로 무료지원 절차를 밟게 했다. 그렇게 모은 100원은 비싼 약을 먹어야 하는 환자들의 약값으로 지원했다.

주말 진료가 소문이 나면서 점점 외부에서도 오는 사람이 많아지자, 정작 가난한 사람들이 치료받기 힘들어지는 문제가 생겨났다. 그때 김혜경은 예전에 받았던 신용협동조합교육이 생각났다. 조합원 회비를 내는 주민들만 무료 진료를 받고, 그 기금을 공익목적으로 사용하는 협동조합을 만들기로 했다. 그렇게 난곡동 주민들은 1976년 '난곡희망의료협동조합'(이하 '난협')을 설립했다. 난협은 설립된 지 1년도 채 되지 않아 550세대가 참여했다. 10세대당 한 반을 만들어 대표를 뽑고, 이들이 모여 운영위원회를 구성했다. 난협은 난곡동 주민들의 의료 문제뿐만 아니라 생활을 나누고 논의하는 지역 조직이 되었다.

이들은 생활나눔을 하면서 여러 이야기를 나누었는데, 1977년 초 자녀교육 걱정을 나누었다. 그래서 1977년 여름방학부터 노인정과 김혜경의 집에서 여름학교를 시작했다. 김혜경은 가톨릭사회복지회에 자원교사를 요청했고, 청년 빈첸시오 회원들이 와서 아이들의 숙제를 도왔다. 여름학교는 아이들의 방학숙제뿐만 아니라 소풍이나 체험학습 등으로 다양하게 진행됐다. 매년 진행된 여름학교는 이후 한글을 잘 모르는 아이들을 위해 한글교실로 이어졌고, 글 모르는 어머니를 위한 어머니교실, 한문교실 등으로 확장됐다. 여름학교는 1977년부터 14년 동안 매년 열렸고, 이후에는 상설 공부방 활동으로 이어졌다. 이는 다른 도시빈민 지역 공부방 활동에도 모델이 되었다. 주민들은 난협 기금으로 1년에 한 번 단합대회도 하고 교육도 하며, 서로 끈끈하게 연대했다.

빈민운동은 자선사업이 아니다

난협은 최고 전성기에 2,200세대가 참여할 정도로 거대한 주민조직으로 성장했다. 난협활동이 한창이던 1980년대 초, 독일의 가톨릭 해외원조단체가 무료 진료 활동을 위한 센터를 지어주겠다고 제안했다. 하지만 주민들은 논의 끝에 아직 그런 센터를 주체적으로 운영할 역량이 되지 않는다며 거절했다.

그리고 얼마 뒤 1981년 8월에는 한강성심병원 사회사업과에서 매일 무료 진료를 해주면 어떻겠냐고 제안했다. 이후 주민들과 구체적인 논의도 없었는데, 몇 달 뒤 신문에는 한강성심병원이 주민들을 위해 신림7동 종합복지관을 짓기로 했다는 기사가 나왔다. 주민들이 스스로 난협을 잘 운영하는데, 선심 쓰듯 자선사업으로 복지관을 지어 무료 진료를 해주겠다는 일방적인 계획에 주민들은 화가 났다. 그들은 선의였을지 몰라도 주민들이 오랜 시간 힘겹게 이뤄온 연대구조를 흔드는 일이었다. 결국 주민들이 항의하고 공청회를 하면서, 자매결연 방식으로 무료 진료는 성심병원이, 복지관 운영은 난협이 책임지기로 했다. 난협은 신림복지관의 실무자로 김혜경을 파견했다.

법적 단체가 아니던 난협은 기금을 복지관 통장을 통해 관리했다. 하지만 1983년 12월 신림복지관은 난협의 기금 1,500만 원을 복지관 신축기금으로 사용하겠다고 일방적으로 통보했다. 결국 이 문제로 김혜경은 일방적인 권고사직을 당하고, 난협과 신림복지관의 협력관계는 끊어졌다. 이 사건으로 난협은 조직이 송두리째 흔들렸다.

조직을 추스르고 1985년부터 다시 주말 진료를 시작했고, 700세대가 조합원으로 모였다. 1986년 난협 10주년을 맞는 총회에서, 회원들은 작은 지역병원을 만들자고 결의했다. 김혜경은 의료 활동이나 사회복지를 하는 가톨릭 기관이나 개인을 찾아다니며 병원 설립을 준비했다. 병원 설립에 필요한 재정을 마련하려고 교계 언론을 통해 전국적으로 홍보해서 전체 1억 2,000만 원을 모금했다. 이 병원은 서울대교구 가톨릭사회복지회 산하 조직으로 설립하기로 하고, 병원 이름을 '요셉의원'으로 정했다. 1987년 설립된 요셉의원의 초대 원장은 의사인 선우경식 선생이 자원했고, 김혜경은 주민교육과 조직을 담당하며 역할 분담을 했다. 난협 주민대표들은 운영위원회를 통해 병원 운영에 동참했다.

하지만 1년이 지나지 않아 병원 운영진 안에 갈등이 생겼다. 난협 회원들은 요셉의원이 설립 취지대로 지역 주민이 자치적으로 운영하는 병원이기를 바랐지만, 선우경식 원장은 후원을 받아 노숙자나 극빈층을 위한 자선병원으로 운영하기를 원했다. 당시 전국의료보험제도가 도입되면서 주민들은 지역의 다른 병원을 이용하면 된다는 생각에서였다.

"요셉의원은 난협 10주년 기념으로 주민들이 스스로 세운 병원이라는 소중한 취지가 있었어요. 선우경식 선생님이 자선사업을 하겠다는 건 좋은 의도이셨지만, 가난한 사람들을 교육하고 의식화해서 자기 문제를 스스로 해결하는 주민조직에 대한 이해가 없으셨죠. 빈민운동은 자선사업과 달라요. 현실적으로 운영이 어렵더라도 가난한 사람들이 희망을 품고 그 어려움을 이겨내는 과정 자체가 중요합니다. 하지만 신림복지관 때도, 요셉의원도 결국 가난한 이들의 뜻을 무시하고 자신들이 생각하는 선의로만 일방적으로 추진하니, 주민들은 큰 상처를 받았어요."

이후 요셉의원은 선우경식 원장의 뜻대로 무료 진료하는 자선병원으로 전환되어, 1997년 영등포로 이전했다. 난협은 해산총회도 제대로 못 하고 해체되었다. 2004년 난곡동이 재개발되면서, 주민들은 대부분 흩어져버렸다.

다른 이들과 연대하다

　1970~1980년대에 난곡동은 빈민운동의 주요 지역이었다. 김혜경 이후 제정구가 CO 2기 훈련을 받고 빈민운동을 시작했고, 유신정권을 거치며 빈민지역으로 들어간 평신도 활동가들과 선교사제들, 수도자들이 생기면서 이들과 연대와 교류도 늘어났다. 특히 1980년대 아시안게임과 올림픽을 앞두고 목동, 사당동, 상계동에서 무자비한 강제 철거가 진행되면서 시작된 철거 반대 투쟁에 연대하면서, 이들은 1985년 천도빈을 조직했다.
　천도빈은 교회의 인가를 받지 않았다. 복음대로 실천하고 살면 되지 굳이 그럴 필요가 없다고 여겼다. 교회 인준단체가 되려면 지도신부가 있어야 하는데, 천도빈에 사제나 수도자가 많이 있어도 이들은 동반할 뿐 지도자라는 말은 어울리지 않았다. 천도빈은 처음엔 '천주교도시빈민사목협의회'라고 했지만, 나중에 '사목협의회'라는 말도 떼버렸다. 각자가 주체성을 갖고 함께하기 때문이다.
　천도빈은 이후 '천주교사회운동협의회'(이하 '천사협')에 동참하면서 시민사회운동에 함께했다. 시민사회와 가까워질수록 교회와 대립하는 일도 생겨났다. 1989년 가톨릭농민회 출신 서경원 의원의 방북 사건, 문규현 신부가 임수경을 데리고 판문점을 넘은 사건 등으로 국가보안법 문제가 불거지자 천사협은 국가보안법 철폐 운동을 주도했는데, 교회에서는 천주교 사회운동이 정치적으로 변질되었다고 여겼다.
　1991년 지방자치제도가 시작되자 김혜경은 그가 활동하던 난곡동 주민의 지지로 제1대 관악구 의원에 당선되었다. 이후 김혜경은 진보정당운동에 동참해 민주노동당 대표까지 지냈다. 2002년 민주노동당 부대표 시절 김혜경은 가톨릭중앙의료원(CMC) 노동자들의 파업 때 노동자의 편에서 교회와 싸웠다.

"지금도 선교본당을 통해 빈민사목을 하고 그 안에서 투신하는 이들은 정말로 훌륭한 분들입니다. 하지만 교회 울타리에 있으니 지역 주민들을 주체로 세우지 못하는 건 아닌지 아쉽습니다. 복음은 가난한 사람들이 행복하다고 말하는데, 우리가 정말 가난을 행복으로 받아들이나요? 인간답게 살지 못하는 가난한 사람들이 어떻게 자기 현실에 분노하고, 누구와 함께 이 분노를 풀어낼 수 있을까요? 예수님이 세상을 구원하는 희망을 보여주신 것처럼, 나는 우리 교회가 그 희망을 가난한 이들과 함께 만들기를 바랍니다."

신협운동

이경국

생활 속의 그리스도를 찾아주는 협동조합 운동

신협중앙회 전 사무총장 이경국

평범한 사람들이 '출자자'가 되어 민주주의의 원칙으로 기금을 운용하고, '자본'이 아니라 '사람'을 중심으로 지역사회 공동체를 이루려는 신용협동조합(이하 신협) 운동은 1960~1970년대 농민운동이나 노동운동 등과 연계해 천주교사회운동을 활성화하는 데 큰 역할을 했다. 한국의 신협운동은 1960년 5월 메리놀수녀회 메리 가브리엘라(Mary Gabriella Mulherin) 수녀가 부산에서 '성가신협'을, 6월에는 서울대교구 장대익 신부가 서울에서 '가톨릭중앙신협'을 창립하며 시작되었다. 미국 출신의 메리 가브리엘라 수녀는 한국전쟁 이후 극심한 가난으로 고생하던 사람들이 고리사채로 인한 악순환에 시달리자, 상부상조를 통해 자립할 수 있도록 신협운동을 소개했다. 그는 독일의 미제레올과 미국의 가톨릭 구제회 등의 해외원조를 받아, 1962년 양성기관인 '협동조합 교도봉사회'(협동교육연구원의 전신)를 설립하고 1964년에는 신협연합회(신협중앙회의 전신)를 설립해 독자적인 신협운동의 기반을 세웠다. 지금도 신협운동 초창기 정

신이 가장 잘 살아 있는 지역으로 이름 높은 원주에서 광산 지역 신협을 세계 최초로 설립하고, 신협중앙회 사무총장까지 역임한 이경국 (사)무위당사람들 고문을 만나, 1970년대 신협운동의 이야기를 청했다.

평생의 스승, 무위당 장일순과 인연

1938년 원주에서 태어난 이경국은 1960년 중앙대학교에 입학해 서울에서 대학에 다니다가, 4·19혁명으로 학교가 휴교하자 고향으로 내려왔을 때 무위당 장일순을 처음 만났다. 무위당 선생의 인품에 끌린 그는, 4·19혁명 직후 치러진 국회의원 선거에 장일순이 사회대중당 후보로 출마하자 선거유세를 도왔다. 한 달 동안 장일순의 집에서 잠을 자며 가까이서 그를 지켜보면서, 이경국은 평생 무위당을 스승으로 따르겠다고 결심했다.

"한 달 동안 선생님 댁에서 잤는데, 선생님이 사모님과 안 자고 우리랑 같이 잤어요. 나와 다른 사람이랑 3명이 한 방에서 같이 잤는데, 아침 6시쯤 일어나서 밖으로 나가세요. 어디를 가시는가 봤더니, 건넌방에 가서 무릎을 꿇고 '어머니, 기침하셨어요?' 하고 아침 문안을 드리고, 방에서 '오냐' 하시면 '어머니, 그럼 내놓으세요' 하시는 거예요. 내놓으란 건 요강이었어요. 그렇게 손수 그 요강을 화장실에 가서 비우고 공동우물에 가서 깨끗이 씻어서 엎어놓는 걸 한 달 동안 매일 보았어요. 부모를 저렇게 하늘처럼 모시는 분이니 나랏일을 맡기면 참 잘하시겠다고 생각했어요. 그때 저분을 평생 모셔야겠다는 마음이 들었습니다."

장일순은 선거에서 남북한의 평화통일을 주장했다. 한국전쟁의 상처가 생생하던 시절, 국가이념과도 같던 북진통일을 반대하며 평화통일을 주장하던 장일순은 선거에서 떨어졌다. 이듬해 5·16 군사쿠데타로 등장한 박정희 정권은 평화통일을 주장하던 장일순을 '빨갱이'라고 몰아 8년 형을 선고했다. 선거를 도왔던 이경국도 보안대에 끌려가 강제 입대를 했다. 부산의 한 부대에 배치받자마자 다시 중앙정보부에 끌려간 이경국은 고문을 당하다가, 부산 군인병원에 후송되었다. 병원에서 폐결핵 진단을 받아 8개월 만에 제대해 감옥에 갇힌 장일순을 면회했다. 어차피 전과자가 되어 취직하기도 어렵고, 스승은 감옥에 갇혀 있으니 장사해서 돈을 벌어 스승을 도와야겠다 싶어 건축자재를 파는 사업을 시작했다.

그러던 중 장일순이 3년 만에 감옥에서 나왔다. 원주로 돌아온 장일순은 얼마 뒤 원주교구가 새로 설정되어 초대 교구장으로 온 지학순 주교를 만나, 교구사도회 회장이 되었다. 장일순은 주위 사람들에게 한 번도 성당에 나가라는 말을 안 했지만, 그를 존경하던 이들은 자연스럽게 다 세례를 받았다. 이경국도 스승을 모시고 일하려면 천주교 신자가 되어야겠다고 생각해 1년간 교리교육을 받고 1969년 세례를 받아 장일순의 대자가 되었다. 머지않아 이경국은 교구 청년회장이 되었다.

이웃사랑의 정신으로 시작된 신협운동

아직 신자가 되기 전, 이경국은 스승의 권유로 1966년 원동성당에서 추진된 신협 교육에 참가했다. 1주일 동안 50명이 교육을 받았고, 그들이 출자금을 내서 원동성당을 중심으로 원주신협을 처음 만들었다. 장일순이 이사장을 맡고 실무는 한 신자가 맡았는데, 제대로 일을 시작해보기도 전에 실무자가 출자금을 가지고 도망갔다. 장일순은 출자자들을 모두 모아서 그 사실을 고백하며, 이자는 못 돌려줘도 원금은 다 갚겠다고 약속했고 실제로 개인 돈으로 다 배상했다. 덕분에 첫 번째 신협 운동은 실패로 끝났지만, 사람들은 장일순과 신협 운동에 대한 신뢰를 잃지 않았다.

지학순 주교는 장일순과 상의해 성당 밖에서 신협운동을 하는 게 좋겠다며, 새로 설립한 가톨릭센터에 작은 사무실을 마련해주었다. 장일순이 다시 신협운동을 추진하자 원주신협 때 출자했던 이들은 그를 믿고 다시 출자했다. 지금까지 원주에서 협동조합 운동의 중심에 있는 '밝음신협'은 1971년 그렇게 시작되었다.

지 주교와 장일순은 가난한 원주교구의 사람들과 지역사회를 살릴 방안을 신협운동에서 찾고자 했다. 1960년 메리 가브리엘라 수녀가 한국에 소개한 신협운동은 독일 농촌 지역에서 시작된 라이파이젠(F.R. Raiffeisen)의 신협을 모델로 했다. 농촌 지도자였던 라이파이젠은 신협운동의 첫 번째 목적을 '인간화'에 두고, 그리스도교의 이웃사랑을 실현하고자 했다. 라이파이젠은 하층 농민의 고리대금과 빈곤의 악순환 문제를 해결하고자, 근검절약, 자조, 자립을 바탕으로 농촌 신협을 조직했다. 원주교구 역시 대다수 교구민이 가난한 농민이나 광부였고, 대부분 고리사채의 늪에서 허덕였다. 가난한 이들은 은행에서 대출을 받을 수 없으니, 고리사채를 쓸 수밖에 없었다. 아무리 돈을 벌어도 가난에 허덕이는 이들이 낮은 이자로 대출을 받아 근검절약하며 빚도 갚고 저축해서 자립하도록 돕는 게 절실했다.

신협운동은 단순히 낮은 이자로 금융거래하는 것만이 목적은 아니었다. 돈보다 사람이 중요하고, 서로 도우며 살아야 한다는 기본 철학을 바탕으로 지역사회 공동체를 이뤄가는 운동이었다. 지 주교와 장일순은 1969년 진광중학교에 협동교육연구소를 열어, 학교와 연계해 신협 교육이 지속적이고 체계적으로 이뤄질 수 있는 기반을 마련했다. 그곳에서 사람들에게 협동조합의 정신과 신협을 운영할 수 있는 재무회계 방법 등을 무료로 교육했다. 한편 이경국은 원동성당에서 신협 기초교육도 받았지만, 메리 가브리엘라 수녀가 설립한 서울의 협동교육연구원에 가서도 교육을 받으며 협동의 정신을 더 깊이 새겼다.

신협은 출자자들이 주인이 되고, 총회를 통해 의사결정을 하는 구조라 신협운동은 민주주의 교육의 장이 되었다. 그런 신협이 박정희 정권의 눈에 흔쾌할 리 없었다. 그러나 신협운동은 메리 가브리엘라 수녀가 추진하면서, 미국 등 원조기구를 통해 정식으로 지원받은 자금으로 추진했기에 함부로 없앨 수 없었다. 덕분에 신협운동은 정부에서 주도하는 농협이나 새마을금고와 달리, 그야말로 지역 사람들의 운동으로 설립되고 총회 때 선거로 이사장을 선출하며 민주적인 방법으로 운영되었다. 천주교회에서 신협운동을 시작한 덕분에, 각 지역 성당을 중심으로 신자들이 앞장서서 신협을 설립했다. 개신교나 원불교 등 다른 종교에서도 신협운동에 동참하기 시작했다.

탄광에 최초의 신협을 만들다

1972년 신용협동조합법이 제정되면서 신협이 합법적인 승인을 받고, 그즈음 남한강 유역 집중폭우로 영동 지역에 막대한 피해가 발생하자 이에 대응하고자 발족한 재해대책사업위원회가 협동조합의 정신으로 복구 사업을 벌이면서 원주의 협동조합 운동은 더 확산되었다. 일례로 당시 재해대책사업위원회는 해외원조로 수해지원금을 받았는데, 이재민들에게 무상으로 쌀을 지급하지 않고, 마을별로 자율적인 모임을 만들어 재해복구 사업을 하고 그에 대한 대가로 쌀을 지급했다. 이웃들과 힘을 합쳐 무너진 집을 스스로 다시 세우고 땀 흘린 대가로 쌀을 받는 과정에서, 사람들은 자립의 힘과 공동체의 중요성을 배워갔다. 장일순은 그를 따르는 젊은 활동가들과 함께 이 과정을 도왔다. 이경국도 그때 재해대책사업위원회의 광산 쪽 일을 맡게 되었다.

"하루는 지 주교님과 무위당 선생님이 저를 불러서 갔더니, 지 주교님이 '너 사람 낚는 어부가 한 번 돼봐라'라고 하셨어요. 그게 무슨 말씀이시냐고 했더니, 광산에 가서 광부들과 협동조합을 만들어보라는 거였어요. 한 달만 말미를 달라고 했죠. 한창 사업을 하면서 결혼한 지도 얼마 안 되던 무렵이었는데, 한 달 동안 사업을 정리해 그 돈으로 아내에게 살림하라고 주고 박봉을 받는 그 일을 하러 갔어요. 명령이니까 순명해야 한다고 따랐어요."

이경국은 태백 지역 광산으로 파견되었다. 우리나라에서 처음 시도하는 광산 신협이었지만, 세계적으로도 광산 지역에서 신협이 성공한 적이 없었다. 그만큼 어려운 일이었다. 어디서부터 어떻게 일을 해야 할지 막막해하는 그에게 장일순은 그냥 그곳에 들어가서 광부들에게 3년쯤 배우며, 인간적인 관계를 맺으라고 했다. 광부들과 만나 대화하기 위해서, 이경국은 3년 동안 막장에 수십 번을 들어갔다. 350m, 500m, 900m 깊이의 까마득한 탄광 속, 그야말로 막장에 들어가 광부들을 위로하고, 저녁에는 조장들에게 연탄불에 돼지고기를 구워서 술 한 잔을 대접하면서 협동조합 이야기를 했다. 그렇게 조장들과 친해진 뒤, 그들의 도움을 받아 광부들이 일을 끝내고 막장에서 나오면 목욕하러 가기 전 30분 동안 그들을 앉혀놓고 협동조합을 소개했다. 열악한 막장 노동에 지친 사람들에게 교육하는 게 쉽지는 않았지만, 그렇게 3년을 고생하니 광업소마다 직장신협이 하나둘씩 조직되었다.

신협을 만들고 난 후엔 광부들을 위한 다른 협동운동도 추진했다. 광부들에게 가장 시급한 것이 소비조합이었다. 광산 지역은 워낙 물가도 비싼데다가, 대부분 외상 거래를 하니 그만큼 장사치들이 값을 올렸다. 광부들에게 필수적인 장화가 만약 1만 원이라면, 광산촌에서는 보통 2만 원을 받고, 외상이면 25,000원을 받는 식이었다. 그래서 서울에서 공장도 가격으로 물건을 사 와서 광부들에게 싸게 파는 소비조합을 시작했다. 신협 사업으로 지역사회 개발사업을 지원받을 수 있었고, 협동조합 교육을 받은 광부들이 도와주어서 가능했다. 소비조합이 50개 가까이 늘어날 정도로 장사가 잘되었고, 덕분에 광산 지역 신협은 자산도 늘어나고 더욱 커졌다.

광산 지역에서 신협과 소비조합이 성공하는 데는 교육의 힘이 컸다. 지 주교나 장일순이 반정부 세력이라고 몰려 탄압을 받던 시절이라, 광산 지역에서 협동조합 운동을 하는 이경국에게도 늘 정보과 형사가 따라다녔다. 그런 감시 속에서도 이경국은 광부들을 모아 원주로 몰래 데려가 협동조합 교육을 받게 했다. 원주에서는 4박 5일이나 5박 6일에 걸쳐 교육하는데, 교육 마무리는 주로 협동의 정신을 강조하는 내용을 지 주교와 장일순이 강의했다. 지 주교는 북한에서 고생한 이야기를 하며 서로 도우며 살아야 하는 걸 강조했고, 장일순은 광부들에게 삶의 희망을 불어넣어 주었다.

"막장이라는 말처럼 사실 광부들은 대개 내일의 희망이 없었어요. 온종일 일하고, 일 끝나면 술 마시고 비틀거리다가 들어가서 잠자고, 깨면 다시 막장에 들어가거든요. 그런 분들에게 무위당 선생님은 여러분 한 분 한 분이 다 귀한 분이라며, 참 존경의 마음을 뼛속 깊이 와닿게 전하며 내일의 희망을 가지라고 말씀하셨죠. 우리가 협동조합을 하는 건 서로 살기 위해서고, 특히 아내가 협동조합의 제일 가까운 친구가 아니겠냐며 아내를 구박하지 말고 사랑하라는 인생에 관한 이야기를 해주셨어요. 1970년대에 그런 이야기를 어디에서 듣겠어요? 그런 이야기에 감화되어서 내일의 희망을 품는 광부가 많아졌어요. 그렇게 광부들이 원주에 교육받으러 가면 칙사 대접을 기가 막히게 받고, 저녁때마다 매일 한 잔씩 대접하며 서로 속에 있는 이야기를 나누고 그러니, 그분들이 앞장서서 신협과 소비조합 운동을 도와주셨죠. 그렇게 불이 붙기 시작하니 삽시간에 크게 성장했어요. 전 세계 광산에 노동조합이나 소비조합은 있지만, 신협은 한 곳도 성공하지 못했어요. 탄광 신협은 제가 선두주자예요. 저도 몰랐는데, 신협 역사에 그렇게 나오더라고요. 폐광만 안 되었으면 아마 지금까지 잘되었을 텐데, 폐광되고 사람들이 떠나면서 많이 위축되었어요. 그래도 여전히 몇몇 신협은 남아 있어요."

협동조합으로 변화를 만들어내다

협동조합 교육을 받으며 협동과 민주주의 정신을 훈련받은 광부들은 노조위원장이 노동자들의 권리를 대변하지 못한다 싶으면 몰래 선거운동을 해서 바꾸고, 훌륭한 사람이다 싶으면 키우며 건실한 노조로 바꿔갔다. 협동정신으로 변화되며 공동체 의식이 커가던 광부들은 자신들의 동료를 국회의원으로 뽑기도 했다. 함태탄광의 노조위원장이며 소비조합 이사장이던 류승규를 1988년 제13대 국회의원으로 당선시켰다.

원주의 협동조합 운동은 신협뿐 아니라 소비조합인 '한살림' 운동으로도 확장되었다. 1980년대 초 장일순은 강원도 횡성 부근에서 농약을 치지 않고 유기농 농사를 지으려는 가톨릭농민회 젊은이들이 있는데, 그들이 생명농사를 지을 수 있도록 계약 재배로 도와 주자고 했다. 첫해에 유기농 배추가 나왔는데, 가격은 일반 배추보다 비싸면서도 속도 다 차지 않고 부실했다. 집마다 김장배추로 그걸 받고 난리가 났지만, 그냥 다른 배추를 사서 섞어 먹으며 그래도 계약한 만큼 다 팔아줬다. 다음 해에도 배추가 조금 커지긴 했지만 여전했다. 일반 배추만 한 크기가 되는 데 4년이 걸렸다. 그만큼 땅을 살리는 게 힘들었다. 그래도 땅을 살리려는 가톨릭 농민회원이 생명농업을 할 수 있게, 협동의 정신으로 믿고 도와주었다. 농촌에서 생산한 유기 농산물을 도시의 소비자들에게 지속해서 공급할 수 있는 체계를 마련하기 위해서, 1986년 독일교회 원조기구인 미제레올재단의 지원을 받아 서울 제기동에 소비조합인 '한살림' 매장을 처음 열었다. 이경국처럼 장일순을 따르던 박재일이 그 일을 맡았다.

그 무렵 이경국은 신협 강원도연합회 회장과 신협중앙회 부회장을 거쳐 신협중앙회 사무총장이 되었다. 당시 한국의 신협은 중앙회와 단위조합으로 구성된 2원 조직이었는데, 미국 등의 신협은 단위조합을 아우르는 지역연합회 사무국을 따로 두고 신협중앙회는 지역사무국만 관리하는 3원 조직이니 우리도 그렇게 바꾸자는 의견이 팽배했다. 장일순은 우리나라 현실에선 아직 이르다고 만류했지만, 1988년 3원 조직으로 바뀌었다. 새로운 구조에 대한 교육도 충분히 이뤄지지 않은 상태에서 무리하게 추진되면서, 결국 IMF 때 신협도 큰 위기를 겪었다. IMF를 거치며 수많은 신협이 문을 닫기도 했지만, 무엇보다도 금융감독원에서 일반금융기관처럼 임원들이 월급을 받는 상근으로 일할 것을 요구했다. 그전까지 신협은 임원들이 명예직이고 봉사직이라 지역 주민이 민주적으로 임원을 뽑았는데,

상근직이 되면서 일반 금융기관처럼 변했다. 하지만 밝음신협과 원주신협은 여전히 이사장이 명예직으로 봉사한다.

"밝음신협은 내가 자랑하고 싶은 조합이에요. 신협 건물이 6층인데, 1층만 신협 사무실로 쓰고, 나머지는 전부 원주 지역사회를 위해 일하는 공간입니다. 2층은 회의실로 사람들이 모일 수 있는 공간이고, 3층은 의료생협으로 의사 2명을 두고 운영하고, 4층은 무위당 사람들이 쓰죠. 5층도 소비조합인데, 아주 건실한 조합입니다. 무위당 선생님이 소비조합은 평생 임대료를 받지 말라고 하셔서, 지금도 안 받습니다. 지하에는 한살림 1호점이 있는데, 거기도 거의 공짜입니다. 민우회도 이 건물에 있습니다. 우리는 신협을 민족자본이라고 하는데, 은행의 돈은 아침에 맡기면 저녁에 다 서울로 가고 없지만, 신협의 돈은 오로지 지역 안에 남아 있습니다. 원주에 인구가 34만 명인데 신협 조합원이 15만 명입니다. 다른 지역에서 이사와도 신협 조합원이 되면 대출받아 가게를 차릴 수 있고, 조합원들이 가서 팔아주고, 상부상조의 정신을 철저히 강조하니 든든한 비빌 언덕이 생깁니다. 그러니 타지에서 온 사람들이 원주는 살기 좋다고 하지요."

생활 속에서 그리스도를 찾는 협동의 길

이경국은 1988년부터 8년 동안 신협중앙회 사무총장을 맡고, 1996년 퇴직했다. 그는 퇴직하자마자 다시 원주로 돌아왔다. 1994년 세상을 떠난 장일순의 정신을 이어가기 위해서다. 그런 뜻으로 모인 이들이 2010년 (사)무위당사람들을 만들었다. 이경국은 무위당을 평생 스승으로 따랐지만, 지학순 주교에 대한 존경도 크다.

"신자들이 김수환 추기경은 대단하게 보는데, 지 주교님은 그냥 시골 교구장으로만 보죠. 그러나 지 주교님은 우리에게 협동운동이나 생명운동이나 영성운동이나, 모든 면에서 훌륭한 주교로 자기 임무를 다하셨어요. 참 감사하죠. 지 주교님이 '생활 속의 그리스도를 찾아주라'라고 늘 말씀하셨는데, 저에게 '경국아, 생활 속에 그리스도를 찾아주는 일이 바로 이 협동조합 운동이다'라고 하셨어요. 지금은 교회와 신협이 무슨 관계인지 모르는 사람들이 더 많지만, 신협 운동의 뿌리에 가톨릭교회가 있다는 걸 기억하면 좋겠어요. 신협은 가톨릭교회의 큰 자랑거리고 업적입니다. 1940년대 미국에서 경제공황이 났을 때 수많은 은행이 문을 닫았지만, 신협은 조합원들이 출자금을 더 내면서까지 지켜 문을 닫은 곳이 하나도 없었어요. 마찬가지로 신협운동으로 사람들이 협동하고 자립한 것이 1970년대 우리나라 경제가 발전하는 데 큰 역할을 했습니다. 머지않아 신협도 초창기 정신처럼 임원들이 명예직으로 봉사하는 것으로 전환할 겁니다. 그러면 다시 처음의 정신으로 돌아가겠죠. 협동조합의 기본 철학이나 정신은 다른 곳에 있는 게 아니라, 바로 사람입니다. 소외된 사람들에 대해 눈을 떠야 해요."

80대의 고령이지만 이경국은 여전히 협동조합 운동으로 바쁘다. 최근에는 원주협동조합네트워크에서 돌봄 협동조합을 추진하는데, 그 일을 함께한다. 우리보다 앞서 협동조합을 통해 어르신과 장애인, 병자를 돌보는 일본의 협동조합을 여러 차례 견학하며 배우고 공부하며 준비한다. 그의 협동조합 운동은 멈추지 않는다.

여성운동

엄영애 · 윤청자

시대를 앞서갔으나 미완으로 끝난
가톨릭 여성농민운동

한국가톨릭농촌여성회 초대 총무 엄영애

　　1977년 1월 14일, 농촌여성의 문제에 관심을 둔 여성 31명이 모여 '한국가톨릭농촌여성회'(이하 가여농)를 창립했다. 가여농의 목적은 "농촌여성의 자각과 활동을 통해 사회·경제·문화·정치적 지위 향상을 도모하며 모든 인간을 자유롭고 평등하게 창조하신 하느님의 뜻을 실현함을 목적으로 한다"(회칙 제4조)였다. 1970년대 후반에 한국사회는 급속한 산업화로 농촌인구가 도시로 떠나는 이농현상이 심각했는데, 농촌에 남아 있는 여성들은 과도한 농사일뿐 아니라 집안일까지 도맡아야 하는 전근대적인 농촌문화 속에서 건강과 생계 등이 크게 위협받고 있었다. 가여농은 산업사회에서 소외된 농민, 그중에서도 더 가난하고 고통받는 여성농민의 현실에 관심을 두고 이들을 위한 조직을 꾸린 것이다.

　　가여농은 전국여성농민조직으로 연합하며 1989년 3월 30일 해소 총회를 열어 역사 속으로 사라졌지만, 여성주의 시각에서 천주교 사회운동을 도모한 의미있는 시도였다. 1970년대 후반부터 1980년

대 말까지 가톨릭 여성농민의 활동을 살펴보고자 가여농 창립 당시 초대 총무를 맡았던 엄영애 전 전북여성단체연합 상임의장에게 인터뷰를 청했다. 그는 『한국여성농민운동사: 농민생존권 위기와 여성농민의 조직적 투쟁』(나무와숲, 2007)을 집필해, 한국 여성농민의 역사를 처음으로 정리한 인물이기도 하다. 그에게 서면으로 받은 응답과 『한국여성농민운동사』에 실린 가여농의 역사를 정리해 1970~1980년대 한국천주교 여성농민운동의 모습을 소개한다.

농촌사도직을 하는 수도자가 되려 하다

1940년 서울에서 태어난 엄영애는 1963년 서울 중립동 약현성당에서 엘리사벳이라는 세례명으로 세례를 받았다. 그는 예비신자 교리를 가르치던 성가소비녀회 김 돌로로사 수녀에게 깊은 감명을 받고, 수도자가 되기로 결심했다. 당시 수도회 입회를 준비하던 성소자들에게는 독일의 바이세 페터(Weiße Väter)라는 아프리카선교회(1868년 창설) 소속 아이힝거(Pater Eichinger) 신부가 한국에 새로운 여자 수도회를 창설하려 준비한다는 소식이 큰 관심사였다. 그 수녀회는 한국의 농촌과 농민 문제에 큰 관심을 두고, 그 사도직을 담당할 지원자들을 뽑아 독일에 농업을 공부하러 보내고자 했다. 교리신학원에서 공부하던 엄영애는 그때 3명의 지원자를 선발하는데 뽑혔다.

독일에서 농업을 전공한 마리아 사일러(Maria Sailer, 한국명 한마리아)의 지도를 받으며 독일로 가는 간호사들을 위한 전세 비행기에 탑승하기 위해 2년을 기다려, 1966년 5월 2일 3명의 지원자는 독일로 유학을 떠났다. 유럽으로 가는 직항이 없어 3일에 걸친 비행기 여행 끝에 쾰른공항에 도착한 지원자들은 독일 남부 잉골슈타트의 베이세페터 수도원에서 열흘 정도 휴식을 취하고 곧바로 말레스도르프 수녀원으로 갔다. 그 수녀원은 농업을 주요 사도직으로 하는 곳으로, 지원자들은 수녀원 농장에서 일을 배우기 시작했다.

독일의 강도 높은 농업노동은 왜소한 동양인들이 감당하기에 체력적으로 너무 어려웠다. 결국 2명의 다른 지원자들은 수녀원을 떠나 쾰른으로 가서 간호사 교육을 받았다. 끝까지 남은 엄영애는 홀로 잉골슈타트 인근의 농장으로 가서 1967년 10월까지 농업실습을 하며 바이에른주의 농업실업학교를 졸업하고, 계획대로 바덴뷔르템베르크주 죌덴에 있는 '농촌사회봉사자학교(Dorfhelferinnen Schule)'에 입학했다. 그 무렵 아이힝거 신부가 한국에서 추진하던 수녀회 설립 계획이 무산되었다는 뜻밖의 소식을 들었다.

사회개혁과 교회개혁의 목소리를 높인
국제가톨릭농촌청년운동과 만남

엄영애는 그래도 계속 독일에 남아 공부하며 2년 뒤인 1969년 12월에 농촌사회봉사자학교를 졸업했다. 졸업 후 곧바로 1970년 1월부터 슈투트가르트의 청소년 마을 '클링게(Klinge)'에서 한창 실습하고 있을 때, 한국에 있던 한 마리아에게서 연락이 왔다. 자신은 경북 구미에 있는 한국가톨릭농촌청년회에서 일하고 있으니, 한국에 돌아와서 같이 일하자는 연락이었다.

엄영애는 귀국 전에 농촌청년운동을 열심히 배워가리라 마음먹고, 독일의 농민교육아카데미인 '클라우젠호프(Klausenhof)'에서 개최하는 '농촌지도자양성프로그램'에 참여하는 등 유럽 가톨릭 농촌청년운동의 흐름과 주요 이슈를 배워가기 시작했다.

그는 1970년 3월 30일부터 4월 4일까지 프랑스 스트라스부르에서 열린 국제가톨릭농촌농민청년운동(MIJARC, Mouvement International de la Jeunesse Agricole et Rurale Catholique) 주최 '유럽가톨릭농촌청년지도자대회'(REC 70)에 참석했다. 당시 유럽은 신좌파가 주도한 68혁명의 흥분이 가라앉지 않았던 시기로, 유럽 10개국에서 온 306명의 젊은이 대표들과 캐나다, 아프리카, 남미, 한국, 소련, 폴란드 등에서 참관인 자격으로 모인 젊은이들은 유럽 사회의 모순을 강렬하게 비판하며 사회개혁을 위한 참여와 투쟁을 강조했다. 이들은 사회실태를 보고하고, 분과토의를 거쳐, 종합결론을 모아냈다. 그 자리에 모인 청년들은 서구사회가 제3세계를 원조하는 이면에 숨어 있는 총체적인 착취의 현실을 고발하는 사회개혁의 과제와 더불어, 교회 역시 그 모순과 부정을 고발해야 하는 과제를 이해하지 못했다고 결론 내렸다. 따라서 현실에 대해 복음 안에서 교회 개혁이 필요하며 진정한 인간애를 위해 침묵하지 말고 투쟁해야 한다고 결의했다.

엄영애는 1970년 9월 캐나다 오타와에서 열린 MIJARC 제7차 총회에 한영일 신부와 함께 한국 대표로 참여했다. 세계 31개국 100여 명의 대표가 참석한 그 자리에서 한국가톨릭농촌청년회도 회원단체로 승인을 받았다. 총회 직후 곧바로 벨기에에 있는 MIJARC 본부로 옮겨 열린 이사회에서는 각 대륙 대표와 국제위원을 선임했는데, 거기서 뽑은 4명의 아시아 위원 중 한국 대표로 그가 선출되었다.

MIJARC의 임원들은 남미의 농민운동과 비교해 상대적으로 조용한 아시아 농민들의 자각과 의식화를 위해 수년 전부터 아시아 국가들의 농민조직을 지속적으로 방문하고 있었다. 한국에도 1968년에 MIJARC의 부회장이 방한해 농촌청년운동의 활동을 소개하고 아시아 농민운동의 방향에 대해 강의했으며, 전주, 대전, 대구, 서울의 교구장과 교황대사를 방문해 가톨릭청년운동의 중요성을 설명했다.

1971년 4월 3일 귀국한 엄영애는 곧바로 경북 구미에 있는 한국가톨릭농촌청년회에 합류했다. 그는 출근하자마자 그 무렵 내한한 MIJARC의 아시아 담당 이사와 실무자들과 함께 한국의 농민문제와 농민운동 전략에 대해 한 달 가까이 토론했다. 그해 9월에는 홍콩에서 MIJARC의 주관으로 열린 농촌운동 아시아지도자세미나에 참석하기도 했다.

한국가톨릭농촌청년회는 1972년 4월 전국대의원총회에서 한국

가톨릭농민회로 조직을 개편했고, 엄영애는 전국본부의 상임이사로 임명되었다. 하지만 새로운 방향으로 전환된 농민회에서 그는 자신이 꼭 해야 할 일이 더 없다고 느끼고, 1974년 사표를 내고 떠났다.

한국가톨릭여성농촌회의 조직

농민회 활동을 그만둔 엄영애는 당시 서울에서 빈민활동을 하던 김혜경을 따라다니며 빈민운동을 경험하다가, 1975년 후반에 수원교구 배문한 신부의 초대로 그가 주임으로 있던 여주성당에서 여성 신자들의 활동을 돕기로 했다. 그는 여주성당의 공소 여성 신자들을 '성모회'로 조직하는 일을 시작했다.

엄영애는 1976년 9월 20일부터 수원교구 가톨릭농촌사회지도자교육원(이하 '수원교구 교육원')의 여성부 책임자로 부임해, 마을의 부녀교육, 농촌여성지도자교육, 마을 활동 현지 협력 등의 업무를 시작했다. 수원교구 교육원에서는 그가 일을 시작하기 직전인 9월 1~2일에 '제1차 농촌여성지도자세미나'를 개최했는데, 3개월 후 제2차 세미나를 개최하기로 하고 '세미나 준비위원회'를 구성했다.

세미나 준비위원회는 전북에서 농업고등학교 교사를 하다가 결혼 후 서울 상계동에서 시설원예 농사를 짓던 김영자, 같은 상계동에서 농민 자녀들을 위한 어린이집(원터어린이집)을 공동 운영하던 김경자·류영신 등이 참여했고, 수원교구 교육원 여성부 책임자로서 농촌여성 교육과 조직을 준비하던 엄영애도 동참했다. 세미나 준비위원회 구성원들은 상계동에 있는 김영자의 농장 비닐하우스와 자택 등에서 여러 차례 모임을 하며, 농촌여성의 조직화가 중요하다는 인식에 합의했다. 이들은 세미나를 준비하는 것에 그치지 않고 '한국가톨릭농촌여성회'를 창립하기로 했다.

1977년 1월 14일, 수원교구 발안성당 교육원에서 농촌여성과 농촌여성 문제에 관심이 있는 31명이 모여 가여농을 창립했다. 각 도 대표로 이사회를 구성하고, 집행부는 회장 김영자, 부회장 박춘자, 총무 엄영애로 구성했다. 사무실은 수원교구 교육원에 두었으며, 가여농의 운영을 위한 재정은 독일의 가톨릭 원조기구인 미제레올(Misereor)이 3년간 지원해주었다. 가여농 창립총회 당시의 분위기를 가여농의 기관지 《농촌부녀》는 이렇게 기록했다.

> 총회를 마치고 헤어지는 전날 밤 참가자들은 한 사람씩 촛불을 받아들고 이제 고향으로 돌아가 열심히 일할 것을 선서했다. 김영자는 목이 메어 몇 차례나 선서를 중단했고, 말을 시작하다가 끝내 울음을 터뜨리는 참가자가 있었는가 하면 이준희는 "농촌여성들이 이렇게 모여 대화를 나누고 힘을 합할 수 있다는 것이 너무나 기쁘다. 기뻐서 온몸이 떨린다"고 감격했다.*

당시 농촌여성 문제를 고민하던 사람들은 농촌여성이 스스로 문제를 깨닫고 해결하려는 의지를 갖게 하는 의식화 교육을 통해 현실을 인식하고, 토론을 통해 해결책을 찾고 실천에 옮기도록 하는 것이 중요하다고 보았다. 1970년대 말 농촌의 현실은 산업화 정

---

* 한국가톨릭여성농촌회, 《농촌부녀》 제3호(1977.2.15.), 4쪽; 엄영애, 『한국여성농민운동사』(나무와숲, 2007), 440~441쪽 재인용.

책에 따라 점점 피폐해지는 가운데, 특히 농촌여성들은 경제권도 없고 과도한 노동에 시달리며 교육이나 건강 등 기본인권 상황도 열악했다.

이에 가여농은 농촌여성의 조직화와 교육 및 마을 활동에 중점을 두었다. 농촌여성의 지위 향상과 생활 개선, 경제적 수익 사업을 마을 공동의 노력으로 민주적이고 자주적으로 해나갈 수 있도록 마을 단위의 부녀 단체를 조직해, 지역에 맞는 협동사업을 추진해 나갈 수 있도록 지원하고 다른 지역에도 확대하기로 했다.

가여농은 힘들게 사는 농촌여성의 실태를 파악하기 위해, 이화여자대학교 한국여성연구소에 의뢰해 한국농촌여성실태조사(연구책임 김주숙 교수)를 실시했다. 1980년부터 전국 5개 도(경기·충남·전북·경북·강원)에 각 1개 마을을 선정해 조사원들이 현지에 체류하면서 농촌여성들의 실태를 조사했고, 그 보고서는 가여농에서 1981년 『한국농촌여성연구』라는 책으로 출간했다.

이 조사보고서에 따르면, 한국 농촌여성의 문제는 크게 두 가지였다. 첫째, 농가의 저소득 상황이 심각한데 농촌여성들은 과도한 노동을 하면서 이에 따른 어려움이 뒤따른다. 둘째, 농촌여성들에게는 합리성과 평등사상이 충분하지 못하고 민주시민으로서 경험과 훈련이 부족해, 문제를 합리적으로 해결하기 곤란하다.*

이런 현실을 변화시키기 위해 가여농에서는 다양한 교육 활동을 통해 여성농민들의 의식과 삶을 바꿨다. 가여농은 '농가가계부쓰기운동', '건조식품 생산판매', 강아지·병아리 등을 키워 농촌여성이

---

* 김주숙, 『한국농촌여성연구』(가톨릭농촌여성회, 1981), 118쪽 참조.

자기 경제력을 갖는 '작은가축기르기' 등의 마을 활동도 펼쳤다. 또한 홍보사업으로 소식지인 《농촌부녀》도 8면 격월간으로 발행했다.

여성농민운동을 이해하지 못한 교회와 사회 분위기

농촌여성들은 자신이 주체가 된 활동에서 해방감을 느끼고, 가여농의 활동에 열심히 참여하기 시작했다. 가여농의 교육을 계기로 여성농민운동에 평생 투신하는 사람들이 양성되기도 했다. 그러나 이런 여성들의 활동을 농촌 가정에서는 반기지 않는 경우가 많았다. 여성들의 목소리가 높아지고 외부 활동이 많아지는 것에 대해 남편과 시부모들이 언짢아해 이내 활동을 중단하게 되는 경우도 잦았다. 한 동네에서는 자녀들의 등교 어려움을 개선하기 위해 여성들이 나서서 버스 배차 간격을 1시간에서 30분 단위로 조정해 달라는 건의문을 작성해 서명운동을 벌이기도 했는데, 그 과정에서 마을 어르신들이 "남자들도 못 하는 일을 여자들이 뭐 잘났다고 나서느냐"며 저지해 결국 그 활동이 중단되기도 했다.

이런 당시의 분위기는 교회도 별반 다르지 않았다. 농촌사목을 담당하던 사제들과 가톨릭농민회 간부들은 여성농민들의 독자적인 조직을 반기지 않았다. 여성농민들도 가톨릭농민회 안에서 활동해야지, 다른 조직으로 활동한다는 것은 가톨릭농민회 조직을 약화시키는 분파주의적 발상이라고 보았다. 교육하러 간 그를 불러 호되게 야단치는 사제도 있었다. 이에 대해 엄영애는 독립적인 여성농민운동으로 농민운동이 더 강화된다고 말한다.

"그건 잘못된 생각이었어요. 여성농민 조직이 따로 있다는 것은 농민운동 세력이 강화되는 것이며, 여성농민들의 강한 의지와 힘이 보태어진다는 것을 모르고 하는 소리입니다. 세월이 지남에 따라 가톨릭농민회 지도부의 생각도 변해갔습니다."

가여농이 창립한 이듬해 농민회도 1978년 1월 전국조직 산하의 '부녀부'를 따로 설치했고, 한 마리아와 서순악이 그 활동을 담당했다. 가톨릭농민회 부녀부 활동 역시 농촌여성의 의식화와 능력 개발, 자질 향상을 목표로 교육과 협동활동을 전개했다.

가여농이나 가톨릭농민회 부녀부나 같은 목적으로 비슷한 활동을 했지만, 가톨릭농민회 부녀부는 농촌운동에 여성도 그 구성원의 하나로 참여하는 접근이었다면 가여농은 여성농민이 주체가 되어 농촌문제에 접근한다는 여성주의 운동의 성격이 강했다. 당시의 한국사회, 특히 농촌의 분위기나 교회 안의 인식은 이런 선구적인 여성운동을 깊이 이해하지 못했다.

가여농은 농민회 부녀부의 활동 지역이나 교육내용 등이 중복되는 상황으로 인한 두 조직이 경쟁하는 듯한 어려움도 겪고, 미제레올에서 지원받던 해외원조도 기한이 끝나면서 사업의 지속에도 어려움이 컸다. 무엇보다도 농민운동에서 가여농을 분파주의 조직으로 여기는 논쟁으로 초창기부터 계속 시달렸다. 가여농은 그런 논쟁 속에서 여성운동으로서 여성농민운동의 독자성에 대한 자기 정체성을 더 확고하게 확인해갔다.

가여농은 1979년 제3차 정기총회에서 수원교구의 사회단체·기관 통합 방침에 따라 농촌여성의 활동범위를 수원교구(경기도)로 한정하게 되면서 명칭에서 '한국'이라는 단어를 빼고 '가톨릭농촌여성회'로 바꿨는데, 1984년 12월 열린 제7차 총회에서는 여성농민의 주체성을 살려 다시 한번 명칭을 '가톨릭여성농민회'로 변경했다. 그러다가 1989년 여성농민들이 '전국여성농민위원회'(전국여성농민회 전신)를 추진하기로 하면서, 가여농은 1989년 3월 30일에 전국적 여성농민단체 연합 조직에 참여하기로 결정하고 자진 해소했다.

가여농을 떠나 민주화운동으로

엄영애는 그보다 훨씬 이전인 1982년에 가여농에 사표를 내고 여성농민과 관련된 일에서 손을 뗐다. 수원교구 가톨릭여성연합회 총무 일은 계속했지만, 이후에는 주로 서울에서 개신교 여성들과 함께하게 되었다. 1983년부터 개신교 6개 교파의 여성단체가 참여하는 '한국교회여성연합회'에서 농산물 직거래 담당자로 일했다.

1985년 3월 어느 날, 빈민운동을 하던 제정구와 장기표가 찾아와 3월 30일에 열리는 '민주통일민중운동연합'의 창립총회 때 참석해 달라고 부탁했다. 007 작전과 같은 이동 속에 어둑해져 찾아간 과천의 모 수녀원에서 열린 회의에서 '민주통일민중운동연합'(민통련)이 창립되었고, 엄영애는 여성위원장으로 선출되었다. 1987년 4월 4일에는 서대문 근처 '사회선교교육원'에 모인 이우정, 박영숙, 이미경 등 여성 지도자들과 함께 '직선제 개헌'을 주장하는 성명서에 서명하기도 했다.

그 무렵 수원교구 가톨릭여성연합회 총무 일로 교구청에 있는 사무실에 자주 출근했는데, 친분이 있던 한 젊은 사제가 와서 "엄 자매님의 사진과 이름이 남산 중앙정보부에 크게 붙어 있는 것을 어느 신부님이 보았다"며, "조심하라"고 말했다. 얼마 지나지 않아 교구청의 고위층 사제가 불러 "정치 활동을 하려면 교회 일에서 떠나라"고 통고했다. 언젠가 다시 여성농민운동에 복귀하겠다는 생각을 품었던 그는 수원교구 여성연합회 총무직을 사직하고 농촌으로 들어갈 준비를 시작했다.

가자, 민초의 현장으로!

엄영애는 1970년 캐나다에서 열렸던 MIJARC 총회를 마치고 건물을 나서며 젊은이들이 함께 힘차게 외쳤던 "Let's go grass roots! (가자, 민초의 현장으로!)"라는 구호와 남미의 혁명 투쟁가인 〈콴타나메라(Guantanamera)〉를 함께 목이 터져라 부르던 순간이 떠올랐다. 그때의 결심을 되새기며 농촌으로 들어가 일하기로 했다. 1988년 8월 전북 부안의 시장통 골목에 여성농민의 모임터이자 공부방인 '여성농민의 집'을 마련해, 그해 10월 26일에 문을 열었다.

그가 전북 부안으로 거점을 정한 것은 여성농민들의 활동이 활발했던 곳이며, 역사 깊은 교우촌이 많은 곳이어서일 것이다. 전북은 1985년에 있었던 농민들의 외국 농축산물 수입 반대와 소값 하락 피해 보상을 요구하는 투쟁에서 가장 치열한 '소몰이 투쟁'이 벌어졌던 곳이기도 하다. 소몰이 시위는 농민 시위를 저지하는 경찰의 최루탄 남발을 무력화하는 데 아주 획기적인 대응이었다. 소가 어떻게 날뛸지 몰라 경찰이 최루탄을 발사하지 못했기 때문이다. 시위에

소를 끌고 가기 위해 농민들은 집에서부터 몇십 리 길을 걸어가며, 외국 농축산물 수입 문제와 소값 폭락의 원인을 알렸다. 처음에는 남자들이 소고삐를 잡고 앞장섰으나, 경찰 저지선에 막혀 주저하는 사이 여성농민들이 선두에 서게 되었다. 농민운동에서 여성농민의 투쟁력을 새롭게 보게 된 계기이기도 하다. 당시 전북의 완주군, 진안군, 임실군, 부안군에서 농민 약 800명이 소 39마리를 끌고 소몰이 투쟁을 벌였으며, 이 중 여성농민의 수는 270여 명이나 되었다.

전북의 완주, 진안, 부안은 역사 깊은 천주교 교우촌이기도 하다. 천주교 박해 시절 깊은 산중으로 피난 온 천주교 신자들이 교우촌을 이루어 복음과 교회의 가르침에 따라 살며, 자녀들을 신앙심 깊게 가르치고, 가정과 마을을 민주적으로 운영했으며, 무엇보다도 여성들이 주도적인 역할을 했다. 전북의 소몰이 시위 중에서도 유명했던 진안 소몰이 시위에는 여성들이 가장 많이 나왔다. 물고기(로마 시대 그리스도인들의 표시)들이 숨어 사는 곳이라는 뜻의 지명을 지닌 진안의 어은동(漁隱洞)의 공소회장(이원표)이 했던 말을 엄영애는 기억하며 전했다. "진안 소몰이 시위에는 여자들이 많이 나왔습니다. 경찰 저지선마다 여자들이 앞장서 뚫고 나아갔습니다. 전체 참가자 300명 중에서 여성 농민이 40%가 될 겁니다."

소몰이 투쟁의 집결장소였던 부안 등룡리 공소나 전북 완주군 화산면 승치에 있는 공소는 깊은 산속에 있다. "여기는 교우촌이구나" 하는 느낌이 드는 그런 마을에 엄영애는 자리 잡고, 지금껏 지내고 있다.

엄영애는 가톨릭 여성농민운동이나 여성주의 운동에 대해서는 후에 더 많은 자료가 모이고 더 많은 사람의 연구가 이루어진 후에 평가할 수 있다며 말을 아꼈다. 대신 그 시대 가톨릭 여성들의 활동을 이해하는 데 도움이 될지 모르겠다며, 1996년 9월 14일 '새 세상을 여는 천주교여성공동체'에서 받은 '디딤돌상'의 문구를 전한다.

그동안 교회 쇄신과 사회 복음화에 힘쓰시고 가톨릭 여성의 인간화를 위하여 일해오신 그 뜻을 기려 가톨릭 여성들의 고마운 마음을 여기에 담아 드립니다.

'외롭고 높고 쓸쓸했던' 오월 광주의 여성들

현 오월민주여성회 회장 윤청자

올해는 광주민주화운동 41년을 맞이하는 해다. 1980년 5월 광주는 한때는 철저한 금기였으며 불순분자 폭도의 반란으로 선전되었다. 『오월의 사회과학』(오월의 봄, 2012)을 쓴 정치학자 최정운은 이 책에서 광주를 '절대 공동체'로 묘사했으며, "1980년대 어두웠던 시절 우리의 민주화 투쟁은 민주주의 이념의 힘이라기보다는 5·18의 처절한 경험 그리고 각종 고문사건 등 인간의 존엄성과 생명의 가치가 깨어지던 모습에 대한 분노를 통해 이끌려갔다"고 말한다. 오월 광주는 하나의 근거였으며, 1980, 1990년대 운동은 광주에서 시작되었으며, 오늘의 한국사회를 만들었다고 해도 과언이 아닐 것이다. 한국 현대사의 '골고타 언덕'이자 '부활'의 상징인 광주의 진실을 알리는 데 가톨릭교회의 역할은 지대했다. 광주대교구 정의평화위원회에서는 광주항쟁 자료집 『오월, 그날이 다시 오면』을 발간했고, 전국의 성당에서 광주항쟁 비디오를 순회상영했다. 가톨릭노동청년회(JOC) 회원으로서 광주민주화운동 당시 전남도청에서 시민

군을 도와 항쟁에 참여했던 윤청자 현 오월민주여성회 회장을 만나보았다.

JOC와 민주노조 운동

윤청자는 1978년 로케트전기에 입사한다. 로케트전기는 군에서 사용하는 건전지를 만드는 방위산업체로 부설학교가 있었다. 집안이 어려워 학교에 진학하지 못했던 그는 이 회사에 들어가면 학교에 다닐 수 있다고 해서 들어갔다. 회사에 들어간 지 3개월쯤 되었을 때 노조에서 가입하라는 권유가 있어 노조에 가입했다. 그런데 회사 측에서는 노동법이 사규의 하위법이라며 노조에 가입하는 것을 암묵 중에 방해했다. 회사는 노동자들에게 당신들은 '산업의 역군'이며, 여러분이 이 나라를 부강하게 만든다는 점을 강조했다.

"내가 열심히 일하면 내 삶도 나아지고 나라도 부강해진다는 자긍심이 있었죠. 그러면서 날마다 해야 할 작업량이 늘어도 그것을 내가 해야 할 의무로 받아들였어요. 완성반에서 화장실에 갈 시간도 없을 정도로 일을 했지요. 차마 그것에 대해 반론을 제기할 생각도 못 했어요."

'완성반'에서 성실하게 일했던 그에게 JOC 김성애와 운명적인 만남이 이어진다. 어느 날 김성애가 다른 이를 통해 그를 노조 사무실에 들리게 해서, 당시 부녀부장이었던 김성애와 이런저런 이야기를 나누었다. 김성애는 회사 사람을 일일이 파악하면서, 함께 제대로 된 노동조합을 이끌어갈 동지들을 찾고 있었다. 윤청자는 김성애가 건네준 쪽지 하나를 받고, 성탄절 중동성당의 JOC 모임에 따라간다. 성당 지하 교리실 같은 곳에서 모였는데, 제대로 인사를 나누지 못했지만 오다가다 보았던 회사 사람들이 많이 있었다. 그때 많은 사람을 알게 된 것은 큰 힘이 되었고, JOC 의식화 교육을 하면서 일생일대의 계기를 맞는다. 임금투쟁(임투)을 앞두고 김성애는 어용노조에 맞서기 위한 대의원 선출을 주도했고, 윤청자가 완성반을 대표해 대의원 후보에 나갔으며, 그렇게 대의원으로 선출된다.

당시 김성애는 요주의 인물이었으며, JOC를 통해 이 지역 사람들과 연대해왔다. 크리스찬아카데미에서도 교육을 받고 어용노조를 의식 있는 노조로 바꾸고자 했는데, 목표했던 대로 노조가 구성되었다. 무등산 쪽 수양원에서 노조원 교육을 받는데, 강사 중에는 훗날 이화여자대학교 총장을 했던 신일령 교수도 있었다. 신일령 교수가 노동법을 강의했는데, 전태일 열사가 1970년에 세상을 떠나고 근 10년간 기나긴 싸움이 있었다는 사실을 그때 알게 되었다. 윤청자는 그 교육을 통해 감동을 받고 무엇을 해야 할지 돌아보게 되었다.

그 교육을 받고 돌아왔는데, 회사의 프락치들이 그 안에 있었다. 교육 기간의 모든 이야기가 그대로 회사에 들어가고 교육에 참여했던 사람이 모두 '빨갱이'로 낙인찍혔다. 당시 엄중했던 시대상황에서 산속에서 그런 교육을 받았다면 조직 사건으로 엮일 가능성도 컸다. 사측은 교육에 참여했던 모든 사람에게 일도 못하게 하고 알아서 회사를 그만두게 종용했다. 윤청자는 갈수록 오기가 생겨 버티면서 열 군데를 거쳐 아오지탄광으로 불리던 험악한 작업반까지 옮겨가야 했다. 그런 와중에 더욱더 노동조합 활동에 매진했다. 서강대학교 산업문제연구소에서 주관했던 JOC지도자 교육을 1주일간 대전 교육관에서 받고 돌아오니 임투를 준비하고 있었다.

"회사에서 이익을 얼마나 내는지 손익계산을 통해, 너희는 얼마를 버는데 우리한테는 왜 이렇게 돌아오는 것이 없는지 등을 공부했어요. 그러면서 가이드라인을 제시했는데, 사측에서는 노조가 이렇게 성장하는 모습을 보면서 깜짝 놀라기 시작했어요."

당시 여성 지부장이 선출되고 완성반에서 생산량을 체크한 것을 바탕으로 작성한 자료를 사측에 제시하니, 여성이라고 깔보며 쓸데없는 소리라고 일축했을 뿐이다. 점거 농성이 시작되었으나 언론사를 소유한 사주는 자기에게 유리한 방향으로 여론을 이끌었다. 한마디로 골리앗과 다윗의 싸움 같았다. 점거 투쟁을 하면 버텨야 하니까 여러 프로그램을 운영했다. 노래도 부르면서 농성을 이어갔다. 김성애는 JOC 김성룡 신부한테 찾아가 로케트전기에서 벌어지는 일을 전하며, 광주 지역에서 노동자의 목소리를 전해달라고 했다. 이정희 지부장이 호소문을 작성해 신부한테 보고하고 협상했다. 농민이 쌀을 가져오고, 학생들이 기금을 가져오고, YWCA 청년회에서 찾아오면서 로케트전기 문제가 지역문제로 부상했다. 지역사회 원로와 소통하는 문화가 만들어졌고, 결국 사측이 요구조건을 모두 수용함으로써 임금투쟁에서 승리했다. 이처럼 승리의 기쁨도 잠시 광주에는 검은 구름이 드리워지고 있었다.

절대 공동체 1980년 오월 광주

그렇게 1980년의 임금투쟁은 승리로 끝나고 오월이 다가왔다. 윤청자의 기억 속 그날의 이야기를 청했다. 그는 5월 17일 전남대학교 앞 돈보스코 센터에서 지역사회 노동자 단체 교육이 있었다. 전남대학교에서 총소리가 들려왔고, 그날은 집으로 빨리 돌아가는 것이 시급해 상황이 어떻게 돌아가는지 잘 몰랐다. 18일 회사에 가니 집으로 돌아가라고 해서 거리로 나왔다가 쫓겨 들어갔다. 19일 본격적으로 군인들이 금남로에 깔렸는데, 가톨릭센터 셔터를 내리고 했는데, 사람이 있다는 것을 알고 군인이 쳐들어왔다. 그때 많은 사람이 다치고 죽어갔다. 군대가 도시를 장악하고, 사람들을 알 수 없는 어디론가 싣고 갔다. 20일 차량 방송을 듣고 도청 분수대에 모여 국민장례위원회가 꾸려졌다. 김성룡 신부가 남동성당에 들렀고, 협상위원회가 구성되었다.

20일 시위 양상이 거세지면서 밀고 당기며 몰아내는 모양새였다. 윤청자는 군인이 잠시 피했다가 조준 사격을 하고 헬기 사격이 시작되었고 생각한다. 사람들이 모여 있는데 갑자기 사람이 툭 쓰러졌다. 모든 상황이 믿기지 않았다. 국민장례위원회는 도청 앞에 있는 시신을 가족이 찾으러 오면 확인해주고 찾아주었다.

"국민장례위원회를 통해 시간을 벌면서 광주의 상황을 알리려고 했던 면도 있다고 생각해요. 그러면서 며칠간 해방 공동체를 만들어 나갔죠. 집회도 하고 보고도 하고 부상자가 나오면 헌혈도 하고 그랬죠. 조비오 신부가 장례위원을 꾸려 이 억울한 죽음을 세상에 알려야 한다고 했지요."

각 단체가 각각 임무를 맡아 항쟁을 구체적이고 조직적으로 이끌어갔다. 이때 윤청자도 참여했던 송백회의 역할이 컸다. 송백회는 민주화운동으로 구속된 이들을 지원하기 위해 1978년 결성된 광주·전남 지역의 여성운동 단체였다. 송백회는 예비 검속으로 흩어진 사회운동가들을 규합하고 들불야학, JOC 등과 함께 'YWCA 항쟁지도부'를 만들어 시민궐기대회를 주도하고 조직적인 선전선동활동을 전개했다. 송백회는 항쟁 초기인 18일부터 시민군들이 생활하고 투쟁할 물품 보급 및 자금을 지원하고 화염병 제작, 시신 염습, 검은 리본 제작, 부상자 파악, 취사팀을 조직하는 등 무장투쟁을 했고, 무기 반납과 항복을 거부하고 27일 새벽까지 목숨을 건 투쟁을 했다.

윤청자는 도청에서 취사조로 활동했다. 시민군을 위한 밥을 하면서도 서로 누구인지 묻지 않게 했다. 혹여나 나중에 붙잡혀갔을 때 서로를 밀고할 가능성 때문인데, 이는 노동운동을 하면서 깨달은 바가 있어서다. 실제로 훗날 여성조직은 잘 드러나지 않았다고 한다. 취사조는 많은 사람이 내어놓은 쌀로 주먹밥을 만들었다. 주먹밥을 만드는 데 잘 뭉쳐지지 않았는데, 한 어르신이 가져온 소금을 넣은 뒤에 잘 뭉쳐졌다고 한다. 주먹밥은 이제 오월 광주를 상징하는 음

식이 되었다.

　윤청자는 오월 광주에서 해방 공동체를 맛보았다. 해방 공동체에서는 그가 누구인지 어떤 일을 했던 사람인지 중요하지 않았으며, 모두가 평등한 하느님의 정신으로 사는 공동체가 정답이라는 점을 깨달았다. 그 공동체에서 드러났던 여러 아름다운 모습이 지금까지 그를 지탱해준 힘이었다고 한다. 윤청자는 광주가 질서 있고 체계적으로 유지되었던 것은 이 지역 노동자, 농민의 조직과 운동의 전통이 한몫했으리라고 믿는다.

　협상하러 갔던 사제는 얼굴이 하얘져서 돌아왔는데, 속았다며 저들은 더 이상 협상하지 않겠다는 최후통첩을 받아왔다. 마치 죽음을 받아놓고 온 모양새였다고 한다. 악몽 같은 몸서리치는 분노로 그 잔학성을 용서할 수 없었다. 사람들이 하나씩 빠져나가기 시작했다. 군인의 포위망은 좁혀오고 탱크 소리, 총소리가 더욱 크게 울려오고 새벽에 도청의 시민군은 진압당했다. 회사에서는 윤청자가 죽었다는 소식이 전해졌다. 여러 정황상 그가 살아 있을 가능성이 크지 않으리라 믿었던 것이다.

잊혀졌던 오월 광주의 여성들

　1990년, 5·18이 일어난 지 10년 뒤에야 학자와 법률가, 시민단체 활동가들로 구성된 오월여성회는 광주항쟁 때 여성 피해자들의 사례를 모아 『광주민중항쟁과 여성』을 출간했다. 이 책은 광주항쟁으로 인한 육체적·심리적 피해와 후유증, 피해자들의 입을 막는 가정과 사회의 억압이 적나라하게 묘사되기도 했다. 또 1980년 5월을 함께했던 '여성'들은 저항 세력의 주체로 제대로 이야기되지 않았다. 김태일 감독의 〈오월애〉(2010), 김경자 감독의 〈외롭고 높고 쓸쓸한〉(2017) 같은 다큐멘터리 영화는 오월 광주에서 여성의 역할을 조명했는데, 윤청자는 이 작품에 출연해 당시 상황을 증언했다.

"5·18광주는 완벽한 대동세상이었어요. 꿈에서만 가능한 세상이죠. 어쩌다 나를 비롯한 일부만 여기 출연하게 됐지만 이 영화의 주인공은 당시 모든 광주시민들이에요. 누구나 각자 할 수 있는 일을 했습니다. 총을 든 사람은 총으로 싸웠고 상황실 주변을 지나칠 수 없었던 여성은 자진해서 가두방송 마이크를 잡았고 어떤 이들은 숨어서 부지런히 등사기를 밀어서 투사 회보를 만들었죠. 아주머니들은 그런 사람들을 위해 주먹밥을 날랐고요. 어느 세상천지에 그런 일이 가능하겠어요, 광주니까 가능했던 일이죠."

1980년 5월 광주 금남로엔 여성들이 있었다. 주먹밥을 지어 시민군에게 먹였고 시신의 염을 했으며 리본을 만들어 오월 정신을 하나로 꾸려냈다. 또 마이크를 잡고 시민들의 참여를 독려하는 가두방송을 했는가 하면 전단을 배포하고 대자보를 작성해 대동세상의 기틀 마련에 힘썼다. 지금까지도 많은 사람이 그때를 생각하면 잊지 못하는 대동세상, 모두가 하나가 된 그 대동세상의 뒤엔 여성들의 힘이 숨어 있었다. 광주의 여성은 누구라 할 것 없이 모두 대동세상에 힘을 보탰다고 그는 당시를 회고했다. 윤청자는 여성들이 저변에서 민중항쟁에 힘이 되어준 사례는 끝없이 많다고 전해주었다.

인터뷰를 위해 전일빌딩을 찾았던 5월 4일, 다목적 강당에서는 광주전남여성단체연합과 5·18기념재단에서 출간한 『오월을 잇는,

광주 여성단체 활동사』와 관련해서 "오월여성포럼"이 있었다. 5·18 당시 여성의 활동이 지대했음에도 당시 여성의 경험을 담아내는 작업은 활발하게 진행되지 못했다. 이 책은 단순 조력자가 아니라 적극적인 주도자였으며, 상황과 조건에 따라 주체적으로 주어진 역할에 대한 수행자로 5월항쟁을 떠받쳤던 여성을 조명하는 작업의 작은 성과였다. 윤청자는 이 작업에 함께했는데 기를 쓰고 기록해 후대에 알리는 일에 힘을 쏟아야 한다고 말한다.

광주에서 미얀마로

미얀마 군부 쿠데타 이후 한국 각계에서는 미얀마의 시민을 지지하는 목소리를 높이고 성금 모금에도 많은 이가 동참 중이다. 광주는 미얀마에 대해 좀 더 각별하다. 구 전남도청 앞에는 군부 쿠데타에 저항하는 미얀마 시민을 지지하는 메시지가 가득하고, 광주에서는 3월 초부터 꾸준히 미얀마 집회를 하고 있다. 윤청자

광주의 시민들은 미얀마의 민주화 운동을 지지하고, 군부 탄압이 중단될 때까지 연대를 이어가기로 했다.

는 우리는 같은 경험을 했기에 미얀마 국민들과 연대하며 국민들이 반드시 승리할 것이라 믿으며, 포기하지 말고 앞으로 나아가기를 미얀마의 민주주의를 바라는 시민들과 광주의 어머니들이 함께하고 응원한다고 전했다.

그는 「미얀마 시민들에게 드리는 위로와 격려의 글」에서 미얀마 군부는 자신들이 저지르는 학살이 시민들에 의해 기록되고 있다는 사실을 분명히 알아야 하며 비극적인 일에 동참했던 모든 이들의 이름이 역사에 기록되어 법정에 세우는 증거가 될 것이라고 밝혔다. 아울러 "딴봉티 집회에서 소리 내었던 꽹과리, 양판, 솥뚜껑을 두드리며 미얀마 국민이 원하는 나라 만드시고 이참에 소수민족과 하나되는 공동체의 나라가 완성되길 소망합니다. 소리 나는 도구를 통해 인간의 내면에 존재하는 양심을 깨울 것이며 그 울림에 민주화의 불꽃이 활화산이 되어 민주화를 이루어내시길 바랍니다"라고 전했다. 군부에 저항하는 미얀마 시민의 모습은 윤청자가 딸과 화해하는 계기가 되기도 했다.

"서른을 넘은 우리 딸아이가 세종시에서 일하는데, 매년 오월이 오면 주위에서 아직도 광주는 저러는가 징하다는 소리를 많이 들었대요. 자기는 그때를 온전히 경험하지 못해 화가 나도 뭐라 말을 제대로 못했다고 해요. 그랬는데 어느 날 밥을 먹으면서 텔레비전에 비친 미얀마를 보면서, 이제 엄마를 이해할 수 있었다고 합니다. 마음속에 가졌던 엄마에 대한 미안함을 이야기하고, 사람들이 뭐라 할 때 답하지 못했는데 이제는 이야기할 수 있게 되었다고 해요. 딸이 그런 이야기를 해주어 큰 위안을 받았어요."

오월여성회를 비롯한 광주시민모임은 미얀마 민주화를 지지하는 '딴봉띠' 집회를 이끌어갔다('딴봉띠'는 냄비 등을 두드리며 악귀를 쫓는 미얀마의 풍습이다. 광주시민모임은 '딴봉띠' 집회를 통해 미얀마 민주화 운동 지지와 군부 탄압이 중단될 때까지 연대를 이어가겠다고 했다. 5월 4일 인터뷰할 당시 9차 모임을 하다가 5·18을 앞두고 잠시 중단되었다). 윤청자는 이 집회를 이어가면서 가장 좋았던 것이 미얀마인이 광주가 있어 자신들에게는 힘이 된다는 응답이 왔을 때라고 한다.

윤청자는 5·18 민주화운동이 헌법 전문에 들어가기를 희망한다. 비단 윤청자뿐만 아니라 많은 이가 그렇게 되기를 바랄 텐데, 아직도 광주를 모독하는 발언이 그치지 않는다. 그럴 때마다 윤청자는 화가 치밀어오르곤 한다. 게다가 5·18에 대한 진상은 아직도 온전히 밝혀내지 못한 부분이 많고, 많은 이가 여전히 트라우마에 시달리고 있다.

"아직도 못 찾은 시신이 있고, 미해결 과제를 풀지도 못했는데 우리 이야기를 어떻게 할 수 있겠나 싶기도 해요. 민주주의 혜택을 누리는 대한민국의 모든 사람이 같이 광주의 문제를 풀어야 한다고 생각해요."

그는 오월 광주라는 아름다운 공동체를 만들었던 것은 자랑스러운 역사이기에 후대에 이 역사를 잊지 않도록 열심히 돌아다닌다고 한다. 하느님께 이제 그만두고 싶다고 기도해보지만, 오월민주여성 회장을 연임하게 되었다. 하느님께서 그에게 맡기신 소명이 아직 끝나지 않았다고 생각한다.

청년학생운동

남영진 · 김영근 · 김지현 · 안미현

가톨릭 지성인을 양성하는
가톨릭대학생운동

대한가톨릭학생전국협의회 남영진 회장·김영근 간사

1954년 10월 9일, 지적 사도직으로서 학생운동을 표방한 '대한가톨릭학생총연합회(이하 총연)'가 출범했다. 총연은 대학생뿐 아니라 중·고등학생을 아우르는 전국적인 학생 운동체였고, 국제가톨릭학생운동 단체인 '팍스 로마나(Pax Romana)'*의 '국제가톨릭대학생연합회(International Move-ment of Catholic Students, IMCS)' 회원으로서 활동을 시작했다.

학생회 활동은 초창기에는 주로 본당을 중심으로 성지순례나 신앙강좌 등을 진행하며 당시 국내에 도입된 평신도 사도직 운동인

---

* 라틴어로 '로마의 평화'를 뜻하는 팍스로마나는 1880년 가톨릭 운동의 필요성을 느낀 학생들이 스스로 모여 그룹을 조직한 데서 비롯되었다. '국제가톨릭대학생연합회(IMCS)'와 '국제지성인단체연합회(ICMICA)'로 이루어져 있다. 팍스 로마나는 전 세계 가톨릭 학생과 지성인(知性人) 간의 진정한 우애의 정신을 창조하고 상호 교류하며, 그리스도 정신 및 인간 교육에 의한 질적 향상과 그리스도의 이념에 따라 가톨릭 학생의 지성 분야에 공헌함으로써, 국제사회에 도움을 주려는 데 그 목적이 있다. 1887년 스위스에서 정식으로 발족했고, 1888년 교황 레오 13세의 인가를 얻었다.

김영근 간사(왼쪽)와 남영진 회장(오른쪽).

레지오 마리애 방식의 회합으로 이루어졌다. 그러다 1959년 12월 필리핀에서 열린 팍스 로마나 세계대회에 다녀온 대표들을 통해 '쎌 방법(Cell Technic)'이 소개되면서, 1961년부터 쎌 방법으로 전환했다. 쎌 방법은 세포(cell)가 분열하듯 학생 사도직을 수행할 사도들을 양성해 분열시켜가는 소집단 방식으로, '관찰-판단-실천'으로 회합을 진행하는 방법이었다. 쎌 방법이 도입되면서 가톨릭학생운동은 본당보다 학교로 옮겨가기 시작했다. 1961년 총연에서 중고등학생연합회가 분리되고, 1960년대부터 대학생 중심으로 자리 잡았다.

1960년대 후반부터 학생들의 사회참여 의식이 한창 성장하던 무렵, 1972년 총연은 교회의 결정으로 해체되었다. 3년 뒤 다시 총연 조직을 부활해 '대한가톨릭학생전국협의회(이하 전협)'를 결성했다. 전협은 1980년 5·18광주민주화운동 이후 격렬해진 대학생운동에 대한 우려로 1984년에 다시 해체되었다. 1975년 전협 초대 회장으로서 전국조직 재건에 앞장선 남영진 회장과 1980년부터 1982년까지 전협 사무국 간사를 맡았던 김영근 간사를 만나 1970년대 전후의 가톨릭대학생운동의 역사를 들어보았다.

고등학교 '쎌'로 가톨릭학생운동을 만나다

남영진과 김영근, 두 사람 모두 고등학교 시절 '쎌'을 통해 가톨릭학생회와 처음 인연을 맺었다. 둘 다 유아세례를 받고 어릴 적부터 성당에 다녔는데, 학교 써클(동아리) 활동에 가톨릭학생회가 있으니 신자로서 자연스럽게 가입하게 되었다.

"제가 대광고등학교에 입학했는데, 개신교 학교인데도 쎌이 있었어요. 당시만 해도 개신교에서는 천주교를 사교(邪敎)라고 하던 분위기였는데, 신기했죠. 중고등부연합회에서도 활동했는데, 당시 명륜동 가톨릭학생회관에 대학생과 중·고등학생 총연, 서울교구 학생회연합회(이하 학연)가 있었습니다. 서울 시내에만 쎌 조직이 40~50개 학교에 있었어요. 연합회에서 활동하니까 대학생 선배들의 지도도 계속해서 받았으니, 대학에 입학해서도 자연스럽게 학생회에 들어갔지요. 제가 고려대학교에 입학했는데, 고려대 가톨릭학생회에 저희 학년만 50명 정도였습니다."(남영진)

"저도 비슷한데, 보성고 쎌과 레지오에 들어가면서 가톨릭학생회 활동을 시작했습니다. 고등학교마다 쎌이 없는 학교가 없었습니다. 당시 신자도 많지 않던 때인데, 선배들이 얼마나 열심히 활동했

는지 학교마다 쎌이 있었지요."(김영근)

가톨릭학생회가 레지오 회합 방법에서 '쎌'로 전환한 것에 대해 두 사람은 학생회를 지도했던 나상조 신부의 역할이 크다고 입을 모았다. 나상조 신부는 프랑스 파리에서 유학하며 1955년 그곳에서 사제품을 받고, 벨기에 루뱅대학교에서 공부하다 한국으로 돌아와 1958년부터 15년간 가톨릭학생회를 지도했다. 전협이 해체될 때까지 실질적으로 가톨릭학생회의 기틀을 세우고 활성화하는 데 크게 기여했다.

"쎌 활동을 하면서 관찰-판단-실천을 하는데, 실천까지는 가지 못했지만 처음으로 중·고등학교 수준에서도 사회 문제에 관심을 갖게 되었지요. 제2차 바티칸공의회 이후 그 정신을 실현하는 과정에서도 한국교회는 여전히 보수적이었는데, 다행히 나 신부님 같은 분이 계셨어요. 명륜동 학생회관이 완전히 독립 지대나 해방 지역처럼 아이들이 자유롭게 활동했죠."(남영진)

"그전까지는 아이들이 다 본당에서만 활동했는데, 고등학교와 대학교에서 써클을 만들어서 놀았어요. 제가 생각했을 때 성당에서 활동할 아이들이 학교에서 노니 본당에서도 굉장히 불만이 많았을 거 같은데, 그래도 나 신부님이 버티고 계시니까 그냥 두었죠. 나 신부님은 중·고등학교 쎌과 대학생회뿐만 아니라 졸업한 학생들을 위한 학사회 형태의 청년사도회, 전문지식인 모임 등 가톨릭 지성인을 양성하는 큰 구조를 계획하셨어요."(김영근)

유럽에서 유학했던 나상조 신부는 오스트리아 부인회의 도움을 받아 1967년 명륜동에 가톨릭학생회관을 건립해 안정적인 공간을 확보하고, 수많은 청년 대학생들 유럽으로 유학보냈다. 안병영(전 교육부총리)이나 정운영(작고, 전 한겨레 논설위원) 등이 그렇게 유학을 다녀왔다.

학생들의 사회참여 의식 성장과 총연의 해체

가톨릭학생회가 나날이 성장하고 발전하면서 1970년 무렵에는 13개 교구연합회와 75개 단위 대학생회에 1만여 명의 회원을 둔 방대한 조직이 되었다. 회원 수가 급격히 늘어나면서 학생들의 요구도 다양해지고 총연 안에서도 여러 문제가 대두하기 시작했다.

총연은 실무를 담당하는 사무처와 학생 대표인 학생회장단의 이중구조로 확장되어 있었고, 주교회의에서 정기적으로 학생회 재정 지원을 받고 각 학연도 교구로부터 재정지원을 받기 시작하는 등 조직과 활동이 확장되었다. 그러나 이러한 이중 조직구조와 재정 규모의 확대는 시간이 흐르면서 여러 오해와 갈등이 발생하는 문제가 되었다. 1969년 4월 총연 임원단은 학생회 재정 문제로 지도사제인 나상조 신부의 사퇴를 요구하며 모두 사표를 제출했다. 총연 총재 주교인 나길모 주교는 회장단의 사표를 수리하고, 그해 전국대회에서 회칙을 개정해 임원단을 폐지하고 사무처가 그 기능을 담당하게 했다. 1970년 전국대회에서는 사무처를 학생회 조직에서 분리해 학생지도 신부단의 관할로 두고, 총연을 담당하는 사제를 사무총장으로 임명했다. 그때 예수회 박홍 신부가 6개월간 초대 사무총장을 맡았다.

한편 4·19혁명 이후 한국 학생운동은 1964년 한일국교 정상화회담 반대투쟁과 1965년 월남전 파병 반대투쟁 등 정치적 이슈에 적극적으로 참여하며 저항했지만, 가톨릭대학생운동은 주로 대학생 신앙활동이나 농촌·빈민촌 봉사활동 등을 중심으로 이루어졌다. 그러나 1960년대 이뤄진 제2차 바티칸공의회는 시대의 징표를 읽고 응답해야 한다는 평신도 소명을 일깨웠고, 가톨릭 대학생들도 공의회 문헌이나 바오로 6세 교황의 회칙 「민족들의 발전(Populorum progressio)」 같은 사회적 가르침을 접하며 천주교 사회운동에 관한 관심이 점점 싹트기 시작했다.

1969년 10월 총연에서 발간하는 잡지 《빡스》에 삼선 개헌의 부당성에 대한 논문 기사가 게재되며 정부의 내사를 받게 되었다. 1970년 4월에는 총연이 개신교 학생단체인 기독학생연맹(KSCF) 등과 공동으로 4·19혁명과 관련한 첫 에큐메니컬 행사인 '부활과 4월 혁명'을 개최했다. 행사 후 삼선 개헌 반대 가두시위를 하는 등 정부와 갈등을 빚자 교회 안에서는 대학생 운동을 우려하는 시선이 생겨났다. 학생들은 이러한 교회 측의 태도에 반발해 공개적으로 성토하기 시작했고, 교회와 학생 사이의 갈등의 골은 계속 깊어졌다.

"1970년대 초까지는 우리가 사회운동을 해도 그냥 '부정부패 추방' 정도였고, '독재타도'를 외치지는 않았습니다. 가톨릭대학생회에서는 사회가 정화되어야 한다고, 박홍 신부님이 앞장서며 명륜동에서 소금을 뿌리고 다녔습니다. 그러다가 유신체제가 시작되면서, 본격적으로 반독재운동으로 돌아섰습니다. 그러니 주교회의에서는 가톨릭학생운동의 전국조직을 해체한 겁니다."(김영근)

1972년 2월 총연 회장단 회의에서는 사무처에서 학생 측의 동의 없이 김지하의 〈금관의 예수〉 연극을 전국 순회공연하는 '크리스찬 문화운동'을 후원한 문제로 지도신부단과 학생회 사이에 또다시 갈등이 발생했다. 이 일로 지도신부단이 해체되자, 그해 여름 열리기로 예정된 전국대회 1주일 전 정진석 총재 주교는 대학생 지도신부회의를 소집해 상설기구인 '총연합회' 제도 대신 교구별 학연 회장으로 구성된 '회장단' 제도로 축소 개편하기로 하고, 전국대회 때 학생 대의원들에게 통보했다. 이로써 대학생 전국연합조직인 총연은 해체되었다.

전협의 재건과 전국성지순례

총연 해체를 전후하여 한국사회의 상황은 급박하게 돌아갔고, 천주교회의 사회참여 움직임은 활발해졌다. 박정희 유신체제가 등장하고 지학순 주교가 구속되어, 가톨릭 학생들은 사회정의를 실현하기 위해 체계적인 조직이 있어야 한다는 인식이 커졌다. 총연 해체 후 회장단 제도에서는 전국적으로 학생들이 변변히 모여보지도 못했다.

학생들은 1975년 2월 과천 성모영보수녀원에서 3년 만에 전국대회를 개최해 전국조직의 재건을 결의했다. 그해 6월 지도신부단 모임에서는 주교회의에서 반대하는 '연합회' 체제가 아니라 '협의회' 체제로 학생회를 구성할 것과 '대한가톨릭학생전국협의회'라는 이름을 권고했다. 학생들은 이 권고를 받아들여 전협을 출범했다.

"총연 해체 당시 고등부 연합회 활동을 하면서 학생회관을 드나들었기 때문에, 그 해체 과정을 보고 들어서 다 압니다. 전협 결성당시 저는 학교에서 휴교령이 내려서 시골에 가서 고시공부를 했는데, 저도 없는 자리에서 저를 회장으로 뽑아놨습니다. 저에게 총연 해체 과정을 다 아니까, 주교님들을 설득해서 주교회의 인준을 받아달라고 했습니다. 총연이 해체되었지만 다행히 총재 주교님은 계셔서, 당시 대전의 황민성 총재 주교님을 찾아갔습니다. 황 주교님은 학생들을 왜 못 모이게 하냐며, 모이는 건 하라며 인준해주었습니다."(남영진)

황민성 총재 주교는 마리스타교육수사회 엠마누엘 수사를 전협 지도자로 임명했다. 전협은 출범 이후 침체된 학생운동에 활력을 불어넣고 전국 13개 교구 학연의 연대를 강화하기 위해 '전국성지순례'를 우선 사업으로 정했다. 두 사람만 모여서 유신체제를 비판해도 긴급조치 9호로 잡아가던 시대에 가톨릭 대학생들 200~300명이 모이는 성지순례가 1977년부터 이루어졌다. 매년 전국의 가톨릭 대학생들은 4박 5일간의 성지순례를 하면서 밤마다 텐트를 치고 각종 의식화 프로그램을 진행했다.

"성지순례를 가면 가톨릭농민회나 가톨릭노동청년회에서 와서 우리 사회현실이 어떤지 열변을 토했습니다. 학생들은 밤마다 사례연구를 하면서 노동자 전태일 분신 사건이나 함평 고구마 사건 등을 공부하고, 팀별로 연극을 준비해 발표도 했습니다. 정부에서 알면 펄쩍 뛸 일이지만, 황 주교님의 보호가 있으니 가능했습니다. 하지만 유신시대가 워낙 엄혹해서 가톨릭 대학생들은 그저 사회현실이 어떤지 조금씩 깨닫는 정도의 분위기였고, 조직적으로 학생시위를 주도하거나 사회운동에 적극적으로 참여하지는 않았습니다."(김영근)

"가톨릭학생회가 다른 학생운동 조직과 큰 차이점은 학생회의 일반 대중조직이 잘 조직되었다는 점이었습니다. 1960~1970년대 대학가에서 아마 가장 큰 대학생 조직이었을 겁니다. 다른 사회운동은 몇몇 투사가 이끌었지만 아래 조직이 없었습니다. 그래서 유신 때는 여러 재야인사나 학생 운동가들이 거대한 대중조직인 가톨릭학생회를 움직이고 싶어 했습니다. 하지만 가톨릭학생회는 개강미사나 개인 성화를 위한 교육, 농촌봉사활동 등이 여전히 강하고 그런 일상적인 활동을 하기도 바빴습니다. 회원 중에 사회운동을 하는 이들이 있기는 했지만, 가톨릭학생회를 내세우기보다 개인 차원에서 했습니다. 가톨릭학생회 안에서는 할 수도 없는 분위기였습니다. 전협을 결성하니 개신교 쪽에서 '부활과 4월혁명' 행사도 다시 같이 하자고 연락이 왔어요. 그래서 명동성당에서 하게 빌려줬는데, 나중에 말썽이 생겼죠. 결국 그것도 못 하게 되었습니다."(남영진)

당시 대학생은 소수여서 엘리트로 대접받던 시절이라, 1970년대 가톨릭 대학생들은 지성인으로서 사회에 봉사한다는 정도의 분위기가 강했다. 야학 봉사를 해도 빈민이나 노동자를 의식화하는 야학이 아니라, 배움이 부족한 이들에게 영어를 가르치고 검정고시 시험에 통과하게 돕는 봉사활동의 성격이었다. 농촌봉사활동도 마찬가지였다. 1년에 한 번 전국적으로 모이는 전국대회에서도 사회의식과 관련한 강의나 세미나도 있었지만, 포크댄스나 레크리에이션 등 젊은이의 낭만을 즐기는 자리이기도 했다. 유신시대 때 치열하게 싸우던 정의구현사제단 사제들도 가톨릭대학생들이 다칠까 봐 시위에 참여하는 것을 말리는 분위기였다. 이에 비해 정의평화위원회를 이끌던 평신도 변호사들은 가톨릭 학생들이 조직적으로 움직이지 않는다며 내심 섭섭해했다. 1970년대 가톨릭학생운동의 초점은 캠

퍼스 복음화를 위한 내적 성화, 성경연구를 통한 신자 재교육(청년성 서모임), 소외된 이들을 위한 실천적 봉사 등이었다.

남영진은 지도신부들과 함께 1977년 로마에서 열린 세계 가톨릭학생대회에도 참석하며, 총연이 해체된 후 단절되었던 세계 가톨릭학생운동과도 다시 연대를 회복했다. 이후 강경희, 곽은경, 김홍표, 이성훈 등 가톨릭대학생회 출신들이 국제 팍스 로마나 조직에서 일하기도 했다.

해방신학과 5·18광주민주화운동,
가톨릭대학생운동의 방향을 바꾸다

전협이 조금씩 자리를 잡아갈 무렵, 가톨릭 대학생 사이에서는 해방신학이 유행처럼 확산했다. 사회 불평등을 야기하는 사회·정치 구조를 문제 삼고, 정의와 인권을 위한 적극적 투쟁과 참여를 옹호하는 해방신학은 당시 한국사회 분위기에서 아주 호소력이 컸다.

"구티레에스 신부의 『해방신학』(분도출판사, 1977)이 번역되어 나오면서 대학생들이 다 그 책만 들고 다녔습니다. 전협을 지도하던 엠마누엘 수사는 멕시코인으로, 교리신학원에서 마리아론을 해방신학의 관점에서 강의해 인기가 높았던 분입니다. 당시 남미의 해방신학이나 종속이론(저개발의 원인을 선진국의 종속에서 찾아 종속으로부터의 탈피를 주장한 경제이론) 등이 젊은 가톨릭 대학생들에게는 아주 매력적이었고, 이론적인 논쟁도 많이 했습니다. 그런데 외부에서 보기에는 다 똑같은 '빨갱이'로만 보이는 겁니다. 천주교에 빨갱이들

이 침투했다고, 교회 안에서 우려의 목소리가 높아지기 시작했습니다."(김영근)

무엇보다도 1980년 5·18광주민주화운동은 가톨릭 대학생들에게 큰 충격을 주었고, 가톨릭학생운동의 방향에도 커다란 변화를 가져왔다. 대학생들은 기존의 개인 신앙 성화에 초점을 맞춘 가톨릭학생운동을 강조하는 그룹과 사회변혁을 위한 현실참여를 주장하는 그룹으로 나뉘어 극심한 갈등을 겪었다. 1980년대 중반 무렵의 가톨릭 대학생들은 시위에 나가지 않고 신앙 성화나 기도를 강조하는 이들은 선배로 여기지 않을 정도였다.

"1980년 광주의 충격으로 후배들이 완전히 달라졌죠. 서로 결전구도로 가더라고요. 1980년대에 들어서면서 여러 사회적 분위기가 학생들에게 영향을 줄 수밖에 없었습니다. 전협 회장이던 이태수가 1981년 연세대 일본 유학생 간첩단 사건에 휘말리기도 하고, 전국 모임에서도 의식화 활동이 강화되었습니다. 그렇게 가톨릭학생회가 사회운동 쪽으로 나가면서 교계와 또다시 부딪치게 되었습니다. 보수적인 주교님들은 우리 교구에는 도저히 그런 단체가 있으면 안 된다며 가톨릭학생회를 없애기도 했습니다."(남영진)

사회운동에 적극적으로 참여하던 학생들은 명륜동 가톨릭학생회관에 시위 도구를 잔뜩 숨겨두었다가 경찰에게 발각되었다. 인근의 성균관대 학생들이 시위를 자주 벌였는데, 가톨릭학생회도 동참했기 때문이다. 안기부에서는 학생회를 담당하던 경갑룡 총재 주교를 찾아가, 학생회관이 학생운동의 무기창고라며 문제를 제기했다. 교회 지도자들이 보기에 가톨릭대학생운동은 신앙운동이라기보다 여타 사회운동과 동일해 보였다. 결국 1984년 9월 경갑룡 총재 주교와 전국지도신부단 회의에서 가톨릭 대학생 조직을 다시 1972년 처럼 회장단협의체 정도로 축소하고 예산보조를 중단하기로 결정하면서, 전협은 또다시 해체되었다. 학생들은 단식투쟁을 하며 교회에 항의했지만, 해체를 되돌릴 수 없었다. 이듬해인 1985년 김상영을 비롯한 몇몇 학생은 제도교회에 의존하지 않는 '대한가톨릭학생총연맹'을 독자적으로 결성했으나, 1986년 여름 전국대회에서 일명 '프락치 사건'이 일어나면서 와해되었다.

가톨릭 지성인 운동의 재건을 기대하며

가톨릭 대학생 전국조직이 두 번 해체된 경험을 보며, 두 사람은 안타까움을 토로한다.
"저는 조직이 정말 아까웠어요. 중·고등학생 조직부터 대학생까지, 또 졸업한 이들의 학사회나 약사회, 교수회 등 전문 분야별 조직까지 염두에 두고 가톨릭 지성인들이 사회 다방 면에서 활동하게 하려는 시도였습니다. 초창기에는 교회에서도 그런 기대로 학생들을 조직적으로 키웠던 것 같은데, 1970~1980년대를 거치면서 '미운 오리 새끼' 취급을 받았습니다. 1988년 천주교정의구현전국연합이 생겨서 가톨릭학생회 출신들을 청년사도회나 학사회 등의 틀로 다시 모으려 했으나, 이른바 분신 정국을 맞으면서 정치적 소용돌이에 휘말려 무산되기도 했습니다. 지금은 각 대학의 단위 가톨릭학생회도 거의 사라지는 분위기라고 하니 더 안타깝습니다. 수원교구의 이성효 주교님을 비롯해 가톨릭대학생회 출신 사제나 수도자들도 많고, 선배 중에도 훌륭한 분들이 많습니다. 소수라도 가톨릭학생운동을 하던 이들이 사회에 나가서도 가톨릭 정신에 따라 세상을 변화시키면 좋겠습니다."(김영근)

"지금도 교회 안에서 적극적으로 활동하며 주축이 되는 이들 중에는 가톨릭학생회 출신이 많습니다. 학생 때 활동했던 친구들이 역시 계속해서 활동하더라고요. 요즘은 대학교도 점점 경쟁이 심해지고 취업이 힘들어지면서 대학생회가 많이 약해졌는데, 교회가 젊은 이들에게 더 많이 신경 쓰면 좋겠습니다. 저는 가톨릭교회의 큰 장점이 국제적인 연대가 가능하다는 점이라고 봅니다. 가톨릭학생운동이 원래 국제적인 활동인데, 대학생 때부터 국제 조직의 성격을 잘 살려서 국제협력에 대한 관심이나 봉사활동에 눈을 돌리는 것도 좋겠습니다. 전국조직이 두 번 해체되는 과정에서 타 교구 학연과 연계도 다 해체되어서 안타깝습니다. 그런 연대를 복원할 수 있으면 좋겠습니다."

민주화성지의 숨은 청년 일꾼들

전 명동성당 청년연합회 회장 김지현

    1980년대 천주교 사회운동에서 '명동 천주교회 청년단체연합회'(약칭 '명청')라는 이름은 자주 언급된다. 명청은 자발적 청년조직으로 1970년대 말부터 사회운동에 눈뜨기 시작했으며, 1980년대 초부터 적극적인 사회운동을 펼쳐가기 위해 다양한 학생운동 출신과 협력 관계를 가졌다. 명동성당이 민주화의 성지로 자리매김하는 데 명청의 적극적인 역할이 있었다. 명청은 민주화운동의 한복판이었던 명동성당에서 시위 농성자들, 기존 운동권과 정치권 사이에서 중요한 다리 역할을 하는 조력자의 훌륭한 역할을 오랫동안 묵묵히 수행했다. 명청은 1978년에 만들어졌으며, 초대 회장은 《서울신문》의 기자였던 박영균이었다. 초기에는 순수한 신앙적 입장에서 결성되어 보수적 신앙관이 강했다. 활동 내용은 주로 봉사나 기도, 내부 친목에 머물렀으며, 사회 문제나 정치 문제에는 일부가 개별적으로 참여했을 뿐 조직적 참여는 거의 없었다. 물론 이전에도 이명준을 비롯해 다소 느슨하고 정립되어 있지는 않으나 천주교 청년운동의

김지현 회장과 명동 활동 당시 후배들이 대동제 표지를 써달라고 해서 직접 붓으로 쓴 대동제 자료 표지.

씨를 뿌린 사람들이 있었다. 그것이 교회의 보수적인 분위기와 운영 때문에 확산되지 못하고 명맥만 유지하다가 명청이 만들어지면서 조직적으로 전개될 수 있는 토대가 구축되었다. 엄혹했던 1980년대 초 명청의 회장으로 활동했던 김지현 (사)저스피스 이사장을 만났다.

김지현은 1976년 홍제동 성당을 거쳐서 명동성당에서 교리교육을 받고 1977년 4월 3일 세례를 받았다. 세례를 받고 미사만 다니다 보니 처음에 가졌던 가톨릭에 대한 애정이나 관심이 줄어드는 것 같아 단체에서 활동을 하기로 했다. 그래서 명동성당에 있는 '성우회'라는 단체에 들어갔다. 성우회는 보육원이나 안양에 있는 나환자 마을, 용문에 있는 결핵환자촌 등에서 주로 봉사활동을 했다. 성우회 회장을 맡았던 김지현은 1981년 말에 명청의 2대 회장이 되었다.

광주를 통해 사회의식에 눈뜬 명동성당의 청년

다소 보수적이었던 명청은 1980년 광주항쟁을 거치면서 분위기가 변하기 시작했다. 김지현이 활동했던 성우회에서 회원들이 광주의 소식을 접하고는 막 울면서 기도했다고 한다. 광주항쟁의 소식은 정치사회적 문제가 더는 남의 이야기로만 치부할 수 없다는 점을 느끼는 계기가 되었다. 그렇게 명동성당 청년단체도 광주의 영향을 많이 받았다.

"단체장이 모인 피정에서 교회 안 청년의 역할이 대체 무엇인지 생각해보자는 문제제기를 하고 토론을 했습니다. 제가 연합회장을 맡은 다음 단체에 많은 변화가 있었습니다. 특히 1982, 1983년 즈음에 학생운동을 하던 청년학생이 대거 명동성당으로 들어왔어요. 그들이 각 단체에도 들어가거나 자체적으로 단체도 구성하면서, 명동성당 청년단체 연합회의 분위기가 크게 바뀌었습니다."

명청의 활동과 기도의 내용도 정치사회적인 부분과 신앙적인 부분이 결합되는 형태가 많이 나타나기 시작했다. 외부의 민주인사와 교수를 초대해 강연회 프로그램을 시작했고, 청년대회를 열기도 했다. 또한 청년 스스로 조직해서 가톨릭 운동의 한 역사를 만들어내는 작업을 중심에 두었다. 김지현은 엄청 큰 작업을 당시에는 겁도 없이 막 달려들었다고 한다.

그는 명청의 회장을 맡으면서 개인적으로는 큰 고민에 휩싸인다. 각 대학의 학생들이 대거 명동성당으로 들어오는데, 기존 10여 개가량 단체에 500명 가까운 회원이 모일 정도로 규모가 커졌지만 서로 잘 융화되지 않았다. 말하는 어법, 행동양식, 지향점도 다 달랐

강연회 강사로 모신 함석헌 선생님과 강연 전 시국에 관한 말씀을 경청하는 장면.

다. 교회 안 청년의 역할은 이런 것이라고 내놓는 걸 보면 기존 회원은 감당하지 못했다.

"이 새로운 요구, 정치사회적으로 안고 가야 하는 문제와 물론 관성적인 부분도 있지만 기존에 있던 고유의 신앙적 측면이 잘 병존하기를 바랐습니다. 하지만 작은 데서부터 큰 데까지 계속 부딪혔지요. 사업을 결정하거나 행사를 할 때 강사를 모셔 올 때도, 봉사활동을 나갈 때 봉사처를 정하는 문제까지 계속해서 이견이 발생했습니다."

그는 이 부분과 관련해 계속해서 고민했는데, 누구 하나 놓칠 수 없는 사람들이라고 생각했다. 좋고 나쁘고의 문제가 아니라, 같이 협력하면서 만들어가야 하는 부분으로 생각하고, 그가 회장을 맡았던 약 3년간 명청의 융화를 위해 꾸준히 작업해갔다.

청년에게 가림막이자 버팀목이 되어주었던 명청

훗날 후배들이 이야기하기를 명동성당에 몰려왔던 이유는, 물론 오랫동안 각자 마음속에 신앙의 씨앗도 있었지만 워낙 전두환 정권이 잔혹했기에 명동성당이 운동을 하기에 너무 좋은 곳이라고 생각했기 때문이라고 했다. 김지현은 선배의 입장에서 후배들이 그런 생각으로 들어왔다면, 교회와 잘 융화해서 교회 일꾼으로 양성되어야지, 잘 맞지 않는다고 내보낼 수는 없다고 생각했다. 분명한 것은 새로 들어온 친구들이 제기한 방향은 맞았다고 판단했다. 그런데 새로 들어온 회원의 입장을 많이 수용해주면, 기존 회원이 실망을 했다. 그런 부분이 회장을 하면서 무척 힘들었던 부분이다.

그때 막 들어온 사람 중에는 안홍균, 이원균, 기춘 등이 있었고, 기존에 있던 사람들로는 박영근, 이화숙, 기도단체에 있던 박희덕 등이 있었다. 기존에 열심히 활동했던 리더와 새로 들어와서 활동을 시작하는 리더들이 같이 모여서 연합회 임원단이 되었다. 점차 갈등이 잘 조정되면서 1986, 1987년을 맞이할 수 있었다.

당시 기획관리부 안에는 대학선교회와 가톨릭 민속연구회가 있었다. 성경을 공부하거나 기도하는 단체 등 기존의 단체와 새로 만들어진 단체까지 총 16개의 단체가 활동을 했다. 1983년에는 굿 형식을 도입한 〈예수전〉을 공연하는데, 당시 명동성당 주임이었던 김수창 신부에게 허락을 받아 무사히 공연을 성사시키기도 했다. 당시 문화운동은 서광석, 나도훈, 김현순, 이종현 등이 주축이 되어 이루어졌다.

오월 광주의 진상을 알리는 데 앞장서다

1985년 2월 명동성당 마당과 들머리에서 명청은 필리핀 2월혁명의 사진들을 모아 '피플 파워 사진 전시회'를 열었다. 당시 한국사회에서는 많은 시민이 민주화를 열망했기에, 사진전은 시민들의 폭발적인 호응을 얻었다. 이를 계기로 그해 5월에는 광주의 진실도 사진전으로 알리자고 결의하기에 이르렀다. 그리하여 1985년 5월에 처음으로 광주항쟁 사진 및 비디오 전시회를 열었다. 그때 김지현은 연합회장을 물러나서 천주교사회운동협의회(이하 '천사협')에서 활동했다.

광주항쟁이 일어났을 때 천주교회는 깊이 관여했고, 광주항쟁과 관련한 정보가 교회를 통해 많이 알려지기 시작했다. 그런 정보와 함께 넘어오는 사진은 정말로 비참하고 잔혹하기 그지없었다. 따라서 명청에서는 당시로써는 극심한 위험을 감수하고, 광주항쟁 전시회를 감행하기로 했다. 그렇게 사진전을 준비하는데, 극도의 보안이 필요했다. 평소에 입지도 않는 양복 차림으로 회사원처럼 꾸며 007가방 같은 것에 필요한 사진과 자료를 넣어서 회사의 회계자료 정리라며 근처 여관방을 빌렸다. 거기에 시간이 되면 사람들이 모여서 사진을 자르고 글씨도 써가면서 며칠간 사진전 작업을 했다. 그렇게 비밀리에 작업해서 사진을 공개하니 반응이 엄청났다. 많은 사람이 모여 관람했고, 비디오를 방영하고 싶다며 어떻게 구할 수 있겠냐는 문의가 와서 백방으로 알아보고 모은 것을 편집해서 그 편집본을 상영했다.

당시에는 지금처럼 대량으로 복사본을 만들 수 없어 소량으로 만들어냈는데, 그렇게 계속해서 만들어서 방영도 하고 팔기도 했다. 그중 상태가 좋은 것은 또 다른 곳에 넘겨 복사해서 기하급수적으로 번져나가게 했는데, 1만 개가량을 팔았다고 한다. 당시 회장을 맡았던 기춘이 조직해서 여러 군데에서 광주항쟁 비디오를 순회 상영했다. 일반인은 물론 중고등학생도 비디오 상영을 통해 광주의 진실을 알아갔다.

김수환 추기경과 추기경의 오른팔 역할을 했던 당시 홍보국장 함세웅 신부 등 교구청의 사제가 명청의 활동을 서로 충분히 이해하고 동지적 연대감 같은 것이 있었기 때문에 여러모로 수월했다.

1987년 6월항쟁의 숨은 일꾼들

1987년 6월항쟁을 빼놓고 명청을 이야기할 수 없다. 명청이 있었기에 당시에 명동성당이 최후 집결지 역할을 할 수 있었다. 게다가 오랫동안 버틸 수 있는 보급이 원활했다. 그런 조건 때문에 명동성당에서 장기적으로 가자는 사람들이 꽤 많았다.

1987년 6월 12일 재야 운동권의 모든 부분이 힘을 모았던 국민운동본부에서는 매일 회의를 했다. 6월 10일 6·10항쟁이 벌어진 그날 늦은 저녁 무렵 상황이 종료되고 다 흩어졌다. 성공적으로 이뤄졌다는 자평 후에 전부 집으로 갔는데, 그는 시내에 있다가 명동성당을 다시 찾았다. 여전히 명동성당 안에는 많은 사람이 있었는데, 상계동 철거민들이 들어와 있었다. 천막을 세 동 정도 치고 사람이 몇십 명 들어와 있었다. 김지현이 10시 반에서 11시 무렵 명동성당

천주교정의구현사제단의 기도회와 시위 장면. 현수막의 글씨는 김지현이 직접 썼으며 후배들과 밤새워 제작했다.

을 찾았을 때, 철거민이 밖으로 나가면 잡힐 것 같았다. 농성자도 많았고 금방 끝날 것 같지 않아 더 지켜보기로 했다. 그런데 심야에도 사람들이 조금씩 조금씩 늘어나더니 그다음 날에는 50, 60여 명이었던 사람이 금방 100여 명이 되고 계속 늘어나기 시작했다.

그때 6·10항쟁의 열기를 몰아 명동성당에서 장기전을 펼쳐야 한다고 주장하는 사람이 많아졌다. 여기저기서 물리적으로 깨지고 흩어지고 그랬는데 명동성당이 하나의 불씨가 되어버린 것이다. 당시 천사협 사무차장이었던 김지현은 명동성당에서 오랫동안 활동했기에 여러 돌아가는 사정을 잘 알았고, 교구청에 있는 사제도 잘 알아서 이런저런 막후 역할을 해나갔다.

그는 시민위원회 부위원장을 맡기로 했는데, 천사협에서 밖에서 일을 하도록 해야지 또 잡혀 들어가면 안 된다고 요청하여 하루 만에 부위원장직을 그만두었다. 명동성당 안에는 계속 있었는데, 시간이 지날수록 투쟁의 열기는 올라갔지만 문제는 대치하며 농성하는 사람들이 계속해서 바뀌다 보니 이야기가 모이지 않아 지속성이 약해졌다.

그때 천사협을 통해 들은 바에 따르면, 국민운동본부는 6·10, 6·18, 6·26으로 일정을 계획했다. 6·18은 최루탄 추방대회, 6·26은 평화대행진으로 해서, 최루탄 추방대회에서는 조직을 점검하면서 중간 단위로 가고 6·26 때 결판을 내자는 것이 국민운동본부의 방침이었다. 그런데 그사이에 명동에서 농성이 시작되었던 것이다. 이 때문에 국민운동본부는 딜레마에 빠졌다.

성당 안의 열기가 보통이 아닌데, 그것을 어떻게 할 것인가? 안과 밖이 계속 소통을 하는데, 본부에서는 이것을 애초에 계획하지 못했다. 아무리 투쟁열기가 강해도 사람이 계속 바뀌고 조직되지도 않기 때문에 계속해서 끌고 나가서는 안 된다는 결론이 나왔다.

김지현은 이런 결정이 운동적 관점에서 타당하다고 말한다. 당시 천사협과 명청은 거의 한 몸이나 마찬가지였다. 그래서 명청도 고민에 빠질 수밖에 없었다. 국민운동본부에서는 해산을 결정했지만, 성당 안의 열기가 보통 뜨거운 것이 아니었다. 해산하라고 해서 해산할 것 같지도 않았다. 국민운동본부가 계획적으로 가고 있고 곧 결판을 내야 하는데, 명동성당에서 힘을 다 쏟아버리면 차질을 생긴다는 판단이었다. 따라서 해산하는 쪽으로 정해졌는데, 명청에서는 이 문제를 두고 치열하게 토론했다. 그러던 중 허경훈 신부가 찾아와 전경들이 곧 명동성당에 들이닥친다는 정보를 전해주었다.

"그때 허경훈 신부를 비롯해 사제 몇 명이 농성장 안에 들어왔습니다. 허 신부는 만일 여기서 사람들을 끌고 나간다면 신부라는 신분을 드러내지 않고 처절하게 싸우다가 끌려가겠다고 했습니다. 그것은 잘 알려지지 않은 이야기죠. 그때 허경훈 신부가 직접 나서서 많은 일을 해나갔습니다."

결국 해산 문제를 두고 투표를 했는데, 1차 투표에서 결정되지 않았고 2차 투표에서 불과 2, 3표나 3, 4표 차이로 해산이 결정되었다고 한다. 그전에 함세웅 신부가 진솔하게 호소하고, 김수환 추기경까지 찾아왔다. 여러분의 충정은 잘 알지만, 교회의 입장도 이렇다는 이야기가 이어졌다. 그렇게 해산이 결정되었다.

그때 강경파들이 난리가 났다. 한번은 김수환 추기경이 해산하기로 한 다음에 일일이 악수하면서 나오는데, 20대 후반에 머리에 띠를 두른 젊은이가 추기경의 손길을 뿌리쳤다. 그렇게 강경파들은 교회가 해산하는 데 큰 역할을 했다며 김 추기경과 교회마저도 굉장히 미워했다. 해산 이후 6·18 최루탄 추방대회를 이어갔고, 결국 6·29 선언으로 이어졌다.

김지현은 6·26 때 집시법 위반으로 잡혀갔다. 6·26을 앞두고 전체 회의를 하는데, 가급적 70년대 학번이 주도해 마지막 싸움을 크게 이끌어가자고 했다. 그는 시위를 주도하다가 체포되었다. 6월 29일에 조사를 받기 위해 검사방에 갔는데, 텔레비전에 '오늘은 기쁜 날' 커피를 공짜로는 준다는 내용이 살짝 비쳤다. 6·29, 시민의 승리였다.

잊을 수 없는 조성만

　명청을 이야기할 때 조성만을 빼놓을 수 없다. 조성만은 명청에서 활동하다가 군대를 다녀와서는 가톨릭 민속연구회에서 활동했고 거기 회장을 맡았다. 김지현이 기억하는 조성만은 곱상하고 차분했으며 조용하고 활동도 전혀 요란하지 않았다. 그래서 볼 때마다 어떻게 활동할지 생각했는데, 어느 날 회장이 되었다고 한다. 한번 천사협 사람들과 함께 연합회에 있었는데, 조성만이 문을 열고 뻘쭘하게 행사가 있으니 와주었으면 한다고 이야기했다. 1988년 5월 대동제를 준비하는데 비가 와 천정이 샌다고 해서 올라가서 그것을 확인하는데, 갑자기 전화가 왔다. 조성만이 교육관에서 투신했다는 소식이었다. 조성만을 백병원으로 옮겨가는데, 명청 회원이 다 달라붙어서 겹겹이 둘러싸고 백병원으로 향했다. 그렇게 병원에 갔는데 의사들이 힘들다고 말했고, 그는 곧 세상을 떠났다. 그날 경찰의 시신 탈취를 대비해 명청 회원을 전부 소집해 교대로 경비를 섰다.
　1987년 부정선거 의혹을 남긴 구로구청 투표함 사수 현장에도 명청 회원이 많았는데, 조성만은 그때 그 자리에 함께했다. 조성만 평전에는 그때 거기서 조성만이 느꼈던 대목에 관한 일기가 적혀 있다.

교회의 보수화와 명청의 쇠퇴

　1980년대 명청 회원은 대략 500여 명으로 대부분 명동에 직장이 있었으며 변호사 사무실 직원, 금융권 회사 직원, 간호사, 꽃집 주인, 인쇄소 사장, 상가 직원, 교사, 학생 등 다양한 직업군을 이루었다. 당시 명청의 위상은 상당했는데, 명청의 깃발 아래 몇백 명씩 모였다고 한다. 그야말로 천주교를 대표하는 조직으로 발돋움했으나, 1990년을 기점으로 꺾이기 시작했다. 교회의 방침이 변화되었기 때문인데, 김지현은 노태우 정권이 들어서면서 이만하면 되었다는 인식이 생겨났기 때문이라고 본다. 그래서 더는 급진적인 분위기의 싸움은 지양해야 한다는 방침이 교구에서 내려와 제일 먼저 명동성당에 적용되었다. 그런 영향 때문에 명청이 점점 약화되었고, 청년대회 같은 것도 이어갈 수 없었다. 그러면서 실망하고 떠나가는 사람도 많아졌다.

　이후에도 1970, 1980년대부터 만들어졌던 민주화 성지로서 명동성당 이미지는 한동안 이어졌다. 노동자들이 무슨 일이 있을 때 성당에 오면 보호막이 되어주기도 했다. 그런 이미지는 이후에도 어느 정도 유지되었지만, 1987년 정점을 찍고 1990년대 교회 분위기의 변화로 조직이 와해되기 시작했다. 명청은 1997, 1998년까지 명맥만 유지하다가 특별한 해산식 같은 절차도 없이 흐지부지하다가 해산되고 말았다.

명청의 유산 그리고 가톨릭운동의 미래

　가톨릭 청년운동이라는 관점에서, 특별한 롤모델도 없고 정립되거나 체계화된 철학이나 사상, 이념도 없어 당시 명청회원은 자기정체성을 만들어가는 과정이라 어느 한쪽이 득세하기는 힘들었다. 한편으로는 두루뭉술한 경향도 있었지만, 하나로 모아주기 위해서 내세웠던 것이 천주교 사회운동으로서 청년운동에 초점을 맞추고 정체성을 정립하려고 노력했다. 그것에 관한 글과 문건이 제법 나오기는 했으나 정밀하게 체계화되지는 않았다고 한다.

이대훈은 문화 운동 쪽에서 나오는 자료를 섭렵해 이론과 활동의 구체적 사례를 많이 수집해서 유입시키는 작업을 했다. 박준영은 리영희 선생의 베트남전 책이나, 여러 팸플릿을 모아 지하 세미나를 이끌었다. 그때 명청에서는 공식적인 16개 단체 말고도 몇 명씩 모여서 운영되는 지하 세미나가 많았다. 김지현의 기억에는 열댓 개가량 되었다고 한다. 어느 그룹은 주로 노동 쪽을, 어떤 그룹은 주로 세계정세와 우리의 운명을 어떻게 결합해갈 것인가 하는 문제를 공부했다. 심지어는 신학생과도 같이 세미나를 했다고 한다.

가톨릭학생회를 통해서 명청으로 들어온 사람도 있고, 다른 지역에서 노동운동이나 빈민운동을 하다가 명청에 들어온 사람도 있었다. 또 이 사람들이 명청에서 활동하다가 나이를 먹으면서 천주교도시빈민회(이하 '천도빈')를 비롯한 여러 단체에 들어가 활동을 이어갔다. 그들은 지금 중견이 되어 여전히 왕성한 활동을 이어간다. 천도빈을 비롯해 각 단체마다 고유의 활동이 있어 거기에 충실하지만, 그래도 천사협 깃발 아래 이견 없이 모이고 잘해나갔다. 그때만 해도 그렇게 천사협은 나름 큰 역할을 했다.

그는 1977년 세례를 받은 이후 천주교와 끈을 놓은 적이 없다고 한다. 평화방송에서 잠시 기자 생활을 하기도 했고, 현재 저스피스 활동을 24년째 이어가고 있으며, 천주교인권위원회도 25년간 함께했다. 이렇게 교회와 관련된 조직에서 40여 년을 지내왔다. 그렇게 오랫동안 교회 안에서 활동하게 했던 유일한 힘은 최고의 모델인 예수를 조금이라도 담고 싶은 마음이었다고 한다.

"내 삶 속에 투영하고 싶고, 할 수 있는 데까지 해보자, 이건 너무 좋은 길이야, 이런 생각이 있었기 때문에 가능했습니다. 가톨릭 운동은 가톨릭이 갖고 있는 보편성과 평등성을 우리 삶 안에서 시대의 요구에 맞게 표현하고 구현해야 한다고 생각합니다."

한국사회에서는 수십 년 전에 지향했던 민주주의와 인권, 평화 등에서 상당히 진전이 있었지만, 김지현은 아직도 미흡한 점이 많기 때문에 여력이 닿는 한 가톨릭 안에서 그 운동을 지향하고 끝까지 갈 것이라고 말한다. 아울러 그는 글로벌 시대를 살아가는 오늘날의 시대적 요구와 시대적 징표로서 '평화'라는 화두를 계속 잡고 있다고 한다. 우리의 가까운 소공동체부터 한반도라는 공동체까지 동북아 또는 세계의 평화까지 평화라는 화두를 놓치면 안 된다고 본다.

"이 평화를 누리기 위해서 천주교회는 무엇을 해야 하느냐 이런 문제를 늘 붙잡고 있어야 합니다. 아직 정립되지 않은 부분이 있지만, 교회 안의 여러 문헌과 역사 또 지금 교황의 말씀 같은 자료들이 하나의 등대가 되고 있습니다. 우리의 갈 길은 그 평화를 향해서 명확히 방향을 잡아야 합니다. 그런 생각을 가진 좋은 사람들은 곳곳에 많이 있으리라는 믿음이 있습니다. 그런 사람들을 계속 모아내는 작업을 해나간다면 그야말로 교회 안에서 또 하나의 빛과 소금의 역할을 할 수 있으리라는 희망을 갖습니다. 저는 그것을 확신합니다."

출애굽 영성으로 살고자 했던 청년 학생들

전국가톨릭대학생협의회 2기 준비위원회 의장 안미현

1954년 10월 9일, 지적 사도직으로서 학생운동을 표방하며 출범했던 '대한가톨릭학생총연합회'는 1960년대 후반부터 학생들의 사회참여 의식이 한창 성장하던 무렵, 1972년 교회의 결정으로 해체되었다. 3년 뒤 다시 총연 조직을 부활해 '대한가톨릭학생전국협의회(이하 전협)'를 결성했다. 전협은 1980년 5·18광주민주화운동 이후 격렬해진 대학생운동에 대한 우려로 1984년에 다시 해체되었다. 이후 1985년 '대한가톨릭학생총연맹'(이하 '총연')을 통해 학생 조직을 재건했는데, 주교와 사제가 보기에는 가톨릭운동이라기보다 여타 다른 사회운동과 동일했다. 총연은 1986년 7월 전국대회에서 경찰이 학생을 사주해 전국대회를 염탐하다 들킨 이른바 '프락치 사건'을 계기로 위기를 맞는다. 분노한 학생들은 전국대회 파견미사 후에 농민회관에서 안동역까지 도보행진을 시도하고, 이 과정에서 학생과 경찰 간에 실랑이가 벌어져 몇 명의 학생이 다치기도 했다. 이 사건으로 총연과 지도단, 교회와 관계는 급속히 악화되었고 총연

회장의 구속으로 사실상 활동이 중단된다. 이후 학생들은 1987년 '대한가톨릭학생전국협의회 준비위원회'(이하 '전가대협 준비위')를 꾸리면서 전국조직 재건을 시도했다. 한국사회 못지않게 격변기를 맞이했던 가톨릭학생 조직의 재건기에 활동했던 안미현을 만났다. 안미현은 서울대교구 가톨릭대학생연합회(이하 '가대연') 회장이면서 전가대협 준비위 2기 의장을 지냈다.

해체와 재건을 반복했던 가톨릭학생 조직

가톨릭학생회 출신은 한국가톨릭노동청년회(이하 'JOC')나 가톨릭농민회(이하 '가농'), 천주교사회운동협의회(이하 '천사협') 같은 천주교 사회운동 단체 곳곳에서 활동해왔다. 안미현은 태중교우로서 어려서부터 성당생활은 그에게 중요한 일상의 한 부분이었다. 한참

예민했던 청소년 시기에 가톨릭중고등학생연합회(KYCS, 중고연) 학생회 활동을 했는데, 당시 중고연(학생회)에서는 시사적인 내용을 두고 토론도 많이 했다. 그러다 보니 대학에 들어가서도 자연스럽게 가톨릭학생회에 들어갔는데, 당시 가톨릭학생회에 들어간다는 것은 학생운동을 한다는 것과 거의 같은 의미였다. 특히 그는 소값 파동으로 농민이 자살했다는 내용을 다룬 가톨릭학생회의 대자보를 보고, 곧바로 가톨릭학생회에 들어갔다. 그와 같이 활동했던 지인들은 여름 농촌활동 마치고 상지실업전문대학(현 가톨릭상지대학교, 이하 '상지실전')에서 열렸던 대동제를 매우 인상적으로 기억한다. 많은 이가 상지실전의 대동제를 기억하는 것은 그때 대동제가 학생 조직을 재건하는 과정에서 많은 부분을 담아냈기 때문이다.

"농활 대동제는 1989년까지 이어졌는데, 그 영향을 엄청 오래 받았죠. 벌써 30년 넘게 흘러갔는데도 그때의 감동이 생생합니다. 제가 보기에 그 시기가 가대연 활동에서 가장 상징적이었던 것 같아요. 아내도 학교는 달랐지만 가톨릭학생회 동문인데, 농활 이야기를 하더라고요. 농활이 끝난 다음에 대동제를 하니까 그렇게 연결되는데요. 가장 인상 깊었던 것이 대동제였습니다. 행사 자체가 갖는 상징적인 의미는 다르게 해석할 수 있는데, 무엇인가를 하기 위해 노력했던 것이 총화되어 나타났기 때문이죠. 다행히 성과도 있었고요. 그것이 앞으로 이어갈 이야기와 연관될 것 같아요."

그가 1학년이었던 1985년 명륜동 가톨릭 학생회관에 연합회 사무실이 있었다. 김영근은 오랫동안 간사로 활동했는데, 그는 교회와 학생 사이에서 중재하려고 많은 노력을 했다. 1970년대의 학생운동과 1980년대의 학생운동은 완전히 결이 달랐다. 1970년대의 낭만적 분위기는 온데간데없고, 하다못해 화염병까지 제조하는 등 갈등관계가 많았다. 그러던 중에 안동에서 총연의 이름으로 가두시위가 벌어졌고, 그것이 폭력적인 것으로 왜곡되었다. 교회는 그 상황을 굉장히 부담스러워하면서 총연은 공식적인 조직이 아니라며 외면했던 것이다.

당시 학생과 교회의 갈등에는 명륜동 가톨릭학생회관의 소유권 문제도 있었다. 가톨릭학생회관은 유럽에서 유학했던 나상조 신부가 오스트리아 부인회의 도움을 받아 1967년 명륜동에 건립해 확보한 안정적인 공간이다. 법적으로 교구의 재산이지만 오스트리아 부인회가 지정 기부한 것으로, 가톨릭 학생들을 위한 공간으로 쓰여야 했는데, 구성원의 합의 없이 처분하게 된 것이 갈등의 원인이 되기도 했다. 교회는 가톨릭학생회관을 청산해서 일부 재원을 동숭동 가톨릭청소년회관 건립으로 사용하고, 가톨릭 대학생회 지분으로는 명동성당에 조성만 열사가 뛰어내린 범우관 옆에 학생들이 사용했던 그 공간(옛 성모병원이었던 가톨릭 회관의 한 귀퉁이)을 남긴 것이다. 그런 많은 일이 그가 연합회 활동을 시작했던 1985~1986년 즈음의 짧은 시간에 일어났다.

재건기, 패배의식을 넘어선 희망의 시간

안미현은 가대연 활동을 중단하고 학생운동에 전념하던 1987년, 선배와 동기의 제안으로 전국조직을 재건하기로 의기투합하고 가대연에 복귀해 함께했다. 그 시기에는 전국조직을 재건하자는 당위

성을 세우는 일이 중요했다. 한편 그 무렵 곽은경과 이성훈 등이 가톨릭학생회 출신으로 IMCS(국제가톨릭학생운동 조직) 아시아 본부와 세계 본부 사무국에서 일했는데, 만약 학생조직이 교회와 관계에서 완전히 단절되었다면 가능하지 않은 일이었다. 팍스로마나 운동을 하는 가톨릭학생회는 주교가 인정하고 안 하고를 떠나 교황청으로부터 인정받는 국제학생활동 조직으로, 전통이 있는 교회의 공조직 같은 단체다. 그래서 인정한 바 없다고 말할 수는 있겠지만, 부정하기도 간단한 문제는 아니었다. 주교회의에서 총연을 해체했지만, 한편으로 전국조직을 재건하려는 의지를 가진 사제와 선배들이 있었다. 그런 부분이 잘 맞아떨어져 조직 재건의 움직임이 활발해졌는데, 재건하되 이전과는 결이 좀 달라야겠다는 반성도 있었다.

안미현은 총연이 해체된 후 전가대협 재건을 위한 1, 2기 준비위원회 활동을 했다. 학생운동을 하다가 구속되기도 했던 그는 1987년 1기 준비위 당시 서가대연 총무를 맡았는데, 청주 내덕동 성당의 청주교구 대학생연합회관에서 매월 전가대협 준비위원회 회의를 했다. 매 시기마다 중요한 사회 이슈를 가지고 각 교구 학연과 공동 대응을 추진했지만 교구마다 사정이 달랐다. 수원교구, 대구대교구, 대전교구 같은 보수적인 교구는 활동에 많은 통제가 있었는데, 총연이 해체되면서 교구로부터 탄압받은 것은 거기도 마찬가지였다. 실제로 일부 교구에서는 대학생연합회 사무실 문을 대못으로 박아 완전히 폐쇄하는 일까지 있었다. 그런 교구에 있던 학생들은 훨씬 더 어려울 수밖에 없었다.

안미현은 그 시기에 유학 갔다가 명동에 와서 가대연 지도를 맡은 염수의 신부를 만났다. 염 신부는 그가 중고연 활동할 때도 지도

신부였다. 철이 없던 고등학교 시절 엄청 대들기도 했던 인연이 있었는데, 대학생연합회 지도신부가 되어 다시 만나게 된 것이다.

"염수의 신부님은 보수적인 면이 있어 좀 오해를 받기도 했지만, 사실 우리를 많이 도왔습니다. 염 신부님은 다시 전국조직을 만들고자 했으며, 안동에서 벌어진 일 때문에 깨졌으니 안동에서 다시 살리는 게 좋겠다고 제안했어요. 우리는 그 제안에 동의하고 다시 농활을 조직했습니다. 농활을 준비할 때 돈이 많이 들었는데, 염 신부님은 여기저기서 자금을 모아 그것을 채웠어요."

그때 안미현은 총무이면서 회장 후보로 입후보한 상태에서 농촌활동준비위원회(이하 '농준위') 위원장을 맡게 되었다. 농활 준비를 위해 종종 염 신부의 차를 타고 문경새재를 넘어 안동으로 향했다. 안동교구장인 두봉 주교도 만났다. 그때 염 신부는 안미현에게 교회 안에서 무언가를 하려면 주교가 움직여야 한다고 했다. 교회의 의사결정은 주교에게 달렸으니, 나중에 싸우더라도 일단 만든 다음에 싸우라는 이야기다. 그렇게 주교를 움직여야 한다는 생각을 머릿속에 꽉 채웠다.

농활 준비는 순조롭게 진행되었고, 1988년에는 파견미사를 명동성당에서 김수환 추기경이 집전했다. 이전에는 농활을 계기로 진행된 강도 높은 학습과 의식화는 일종의 계몽운동 같은 성격이 있었지만, 당시에는 농촌에 배우러 간다는 생각으로 농활을 준비했다. 농활 후 대동제에는 서울대교구뿐 아니라 전국에서 많은 학생이 참여하게 하는 데 매진했다. 대동제는 전가대협의 실체를 눈으로 확인할 수 있는 자리여야 했다. 그렇게 과거의 농활 준비와는 다르게 농활을 준비했다.

서울에서 열몇 대가량의 버스가 내려갔다. 돈도 많이 들었는데, 염 신부는 자금 문제보다 대구, 대전 등 다른 지역에서 더 많은 학생이 왔으면 좋겠다고 했다. 어떻게 해서든 오기만 하면 대동제에서 들어가는 비용은 본인이 책임지겠노라고 약속했다. 당시 서울대교구장 김수환 추기경과 교육국장이었다가 주교가 된 강우일 주교는 학생들의 농활과 연대를 당연히 좋은 뜻으로 받아들였는데, 심지어 강우일 주교는 대동제에 함께하기 위해 안동에 내려오기까지 했다. 환영 미사를 두봉 주교가 집전했으니, 3명의 주교가 그 행사를 같이 준비한 것이나 마찬가지였다. 그러다 보니 교회에서도 가대연을 바라보는 분위기가 좀 바뀌게 되었다.

1988년 7월 농활 대동제는 각 교구의 사정으로 서울을 비롯한 7개 학연을 중심으로 진행됐다. 경북 안동과 문경을 중심으로 '농촌공소' 활동을 벌인 대학생 800여 명은 상지실전에 모여 1박 2일로 뒤풀이 행사를 갖고 전가대협 준비위원회를 공식적으로 발족했다. 이 농활 대동제는 두봉 주교의 개막미사 집전과 강우일 주교의 농활 평가모임 참여, 학생들의 호응으로 교회와의 관계에서 신뢰를 회복하는 계기가 되었고, 패배의식에 젖어 있던 많은 학생도 일정 부분 희망을 갖게 되는 시간이었다.

신앙과 운동의 통합 '출애굽의 영성'을 찾아서

민주화운동의 열기가 가득했던 1980년대는 사회운동 그룹에게 교회가 어느 정도 외피가 되었던 시절이다. 1987년 민주화운동으로

16년 만에 쟁취한 직선제 대통령선거에서 안미현은 광명 지역의 공정선거감시단(이하 '공감단') 활동을 했다. 각 단위대 학생회는 정해진 지역을 맡고, 가대연(중앙)에서는 광명시를 맡았는데 그 일원으로 참여한 것이다. 선거 막바지에 개표 감시단 활동을 하다 구로구청에서 부정투표 실물을 밝힌 사건이 있어 그쪽으로 가기도 했다. 가톨릭학생운동이 사회운동을 지지하느냐 지지하지 않느냐 하는 차원의 문제가 아니고, 교회와 관계에서 정서가 어떻게 달랐는가 하는 부분이 굉장히 중요했다. 따라서 조직을 재건하면서 정체성 논쟁이 매우 치열했다. 사실 조직 재건 시기에는 신자냐 아니냐 하는 문제도 중요했는데, 1986년 무렵에는 비록 일부에서지만 신자가 아니어도 가톨릭학생회 회장이 될 수도 있다는 분위기도 있었다. 그러다 보니 당연히 교회와 관계는 좋을 리 없었다. 가대연의 많은 구성원이 이 부분에 대해서 굉장히 고민도 깊이 하고, 정체성에 대한 논의를 아주 많이 했다. 그가 회장일 때 연구부에서 발간한 『성서 안의 하느님 나라 운동사』는 1980년대 정체성 논란에 대한 응답적 성격을 갖는다. 이는 가톨릭학생운동의 정체성을 정립하는 데 많은 영감을 주는 작업이었다.

"우리가 연구했던 일종의 연구서나 마찬가지인데, 제가 회장을 할 때 발간했습니다. 이전부터 연구부를 만들어서 공부 모임을 꾸렸는데, 염 신부님이 우리에게 도움이 될 만한 사제를 비롯한 전문가를 소개해주었습니다. 오랫동안 세미나를 했는데 84, 85, 86학번 그룹이 굉장히 오랫동안 집중적으로 공부하고 연구한 결과물이 이 책입니다. 가톨릭학생운동을 어떻게 통합해야 되겠냐 하는 일종의 사상적 요체로 정리된 것입니다. 또한 일종의 신앙고백인 셈이죠."

신앙과 운동의 이분법을 넘어 새로운 영성운동의 전형을 만들자는 취지로 시도된 이 연구를 통해 출애굽 영성을 만났고, '가난한 이들을 위한 우선적인 선택'을 중요한 시대의 화두로 인식하게 되었다. 그때 안미현이 많은 것을 돌아보게 하는 매우 중요한 두 가지 사건이 있었다.

하나는 평화방송·평화신문 파업이었다. '노조 편을 들 것인가? 교회 편을 들 것인가?' 하는 문제를 두고 고민이 있었다. 노조가 가난한지 그렇지 않은지는 몰라도 확실히 상대적으로 약자임에는 틀림없었다. 한참 교회와 관계를 회복하는 중이라 하나의 도전으로 다가왔다. 내부에서 많은 논란이 있었다. 결국 어정쩡했지만, 그 부분을 포기할 수 없어 밤에 파업 중인 노조를 찾아갔다. 노조원 중에는 부산교구 가톨릭학생회 선배도 있었다. 평화신문과 함세웅 사장의 이미지를 믿고 다른 신문사에서 옮겨온 분들도 있었다. 교회의 전교지가 아니라 민주적 언론을 만들 것이라는 약속이 교회와 노조의 관계를 더욱 어렵게 만들었던 것 같다. 이 과정에서 평화신문에서 두 번이나 해고당한 선배도 있다. 가대연은 전단을 만들어서 배포도 했지만, 지구 차원에서 움직이는 정도였다. 노조는 적극적으로 교회와 싸워주기를 바랐겠지만, 결과적으로 그렇게는 하지 못했다.

또 하나의 사례는 동의대 사건이다. 1989년 5월 동의대학교 시위 진압 도중에 진압 경관 7명의 죽음을 몰고 온 이 사건은 정부와 언론의 여론몰이와 함께 학생운동의 방법과 도덕적 정당성에 커다란 타격은 물론 공안정국 조성에 결정적인 빌미를 제공했다. 운동권은 거의 괴멸하다시피 해 운신하기 어려워졌다. 그런데 그때 인천에서 '백 신부 테러'가 있었다. 주안노동사목에 난입한 이들이 마구 난동을 부리자, 이를 막으려던 백순기 신부를 구타한 사건이다. 아직 끝나지 않은 독재의 망령에 맞서서 가대연과 가톨릭 청년들이 명동성당 입구에서 농성에 들어가고 무기한 단식투쟁을 시작하였다. 무리한 진압으로 동의대 사건을 야기하고 공안정국으로 몰고 가서 학생운동권을 괴멸하고자 했던 정권은 오히려 백 신부 테러 사건을 계기로 반전되어 정국이 바뀌는 계기가 되었다. 이후 전대협이 명동성당에서 농성하기 시작하면서 가대연은 농성을 풀고 철수했다.

안미현은 이 두 사건이 가톨릭 학생운동이 사회에 어떻게 응답해야 할지 잘 보여주었으며, 그런 응답에 충분히 고민할 수 있게 해준 것이 『성서 안의 하느님 나라 운동사』 덕분이었다고 말한다. 이를 통해 출애굽의 영성으로 가톨릭 학생운동을 해야 한다는 확신을 갖게 되었다고 한다. 이제는 그것을 어떻게 전파할 것인지 하는 문제에 직면했다. 그래서 고민했던 내용을 잡지로 만들어서 배포해보았다. 그것으로는 부족해서 연구부 출신 86학번을 중심으로 타교구와 협력해 리더십 트레이닝에 직접 강의도 했다. 강의는 상당한 호응도 있었지만 그것도 제한적이었다. 교구별로 강사가 육성되어야 하는데, 가톨릭학생회는 1년 단위로 딱딱 끊어져서 물갈이도 자주 되어서 좋은 점도 있지만 계승이 잘되지 않는 한계도 있었다.

지속 가능한 운동으로서 청년운동의 고민

1987~1988년 점차 청년운동으로서 가톨릭학생운동에 대한 고민이 깊어졌다. 그것이 대중적으로 드러난 것이 1989년 애국크리스

찬청년연합(이하 '애청'), 가톨릭민주청년회(이하 '가민청') 같은 청년 단체의 등장이었다. 이들 단체에서 가톨릭학생회 출신이 중심적인 역할을 했으며, 또 상당수 선배가 가톨릭학생회 출신이었다. 사회 문제에 대한 지속 가능한 운동을 고민한 끝에 나타난 애청과 가민청의 등장은 청년운동의 새로운 지평을 여는 계기가 되었다.

가톨릭 청년운동으로서 교회와 관계도 중요했는데, 일반 청년운동과 차이점이라면 '출애굽의 영성'으로 이 운동에 참여하느냐 하는 고민 끝에 나왔다는 점이다.

본당을 중심으로 하는 청년운동에 대한 고민도 계속 있었는데, 1989년 서울에서 열린 제44차 세계성체대회를 계기로 그런 전망이 더욱더 촉발되었다. 세계성체대회를 준비하면서 교회에서는 서울대교구에 지구 단위의 청년연합회를 모두 조직하기 시작했다. 안미현은 서가대연 회장으로서 지구청년대표자협의회(이하 '지대협')와 함께 세계성체대회 젊은이의 성찬제 준비모임을 조직했다. 교회 입장에서는 젊은이들을 교회로 모을 좋은 기회였고, 가톨릭학생회 출신이 본당에 들어가서 활동하는 좋은 계기가 되었다.

당시에는 통일운동이 가장 뜨거운 이슈로 부상했다. 이전에는 사회 이슈로 민중과 계급적인 내용이 훨씬 더 많이 제기되었는데, 이제는 그것을 아울러 '자주, 민주, 통일'을 강령으로 한 통일 논의가 전면으로 부각되었다. 통일 문제는 훨씬 더 대중적이고 파급력이 컸다. 조국통일투쟁위원회의 위원장 중에 가톨릭학생회 출신들도 있었다. 통일선봉대(이하 '통선대')는 남쪽에서 두 갈래로 올라오는데, 가대연과 가톨릭 청년들은 1988년부터 매년 통선대에 참여했다. 그렇게 각 교구별로 많은 청년이 통선대에서 활동하고 전대협과 연대했는데, 전

가대협준비위 활동을 통한 인연은 통일 투쟁을 통해 이어졌다.

88년 조성만 요셉 열사, 가톨릭 청년의 신앙적 결단

1988년 안미현은 졸업을 앞두고 수학여행을 갔는데, 그곳에서 조성만 열사의 투신 소식을 듣는다. 엄청난 충격이었다. 생전에 그와 어떤 인연도 없었지만 조성만 열사의 죽음을 계속해서 기억하는 이유는 그의 죽음을 신앙적 결단으로 해석하고 또 실제로 그가 그렇게 살았기 때문이다. 가대연은 물론이고 명청, 애청을 비롯해 청년운동을 했던 그룹은 그 부분을 도저히 놓을 수 없었다. 조성만을 기념하는 일은 이원영이 이끌었다고 봐야 한다. 이원영은 서울대학교 자연대 후배이자 명동성당청년연합회(이하 '명청') 후배인 조성만의 죽음을 가장 가깝게 겪으면서 조성만을 기억하는 것을 자기 삶의 중요한 일로 삼았다.

이원영은 안미현 등 가톨릭학생회 회원들과 본당 청년 및 EYC 등 개신교 청년들과 함께 애청을 만들고 에큐메니컬에 기반한 신앙운동과 통일운동을 해왔는데, 조성만은 그 활동의 가장 정점에 있다고 볼 수 있다. 조성만 열사와 함께 활동했던 명청 회원들의 충격은 매우 커서 30여 년이 지난 지금까지도 트라우마에서 벗어나지 못한 이들이 많다. 사실 안미현은 조성만과는 일면식도 없는 사이지만, 조성만을 기억하는 과정에서 조성만의 아버지, 어머니와 오랜 인연을 맺게 되었다. 조성만을 추모하는 일은 10주년 행사, 조성만 평전 발간 이후 특별한 것이 없다. 매년 5월 15일 즈음에 광주 순례길을 떠나고, 추모미사를 드리는 수준이다. 지금도 조성만과 함께 동아리 활동을 했던 '가톨릭민속연구회' 출신이나 서울대학교 자연대학 출신이나 해성고등학교 동문이 5월에 조성만 열사를 조문하러 간다고 하면 항상 함께 간다. 당시 조성만을 잘 알고 그 현장에 있던 사람들은 그를 잊을 수 없다. 조성만의 유서가 워낙 명문이기도 한데, 그의 죽음은 안미현을 비롯한 동료들에게 이후 다른 생각을 할 필요 없이 어떻게 살 것인가를 알려주는 이정표와 같은 사건이었다. 조성만 부모님을 비롯해 남아 있는 사람이 서운치 않게 또 자신들을 위해서 그렇게 추모사업을 이어갔다.

교회 안 청년의 현실과 미래

1980년대까지만 해도 왕성하게 활동했던 가톨릭학생회는 1990년, 2000년대를 지나면서 많이 약화되었다. 특히 최근에는 청년연합회가 없어지기도 했다. 가톨릭학생회가 없는 학교도 많아졌고, 얼마 전까지 연합회 회장도 못 내는 실정이다. 지금은 사제들이 옆에서 부추기며 전국조직을 만들도록 이야기하는 상황이지만 여전히 쉽지 않다. 많은 본당의 사목회에서 청소년과 청년을 지원해주지만, 정작 청소년과 청년들은 교회에서 찾아보기 어려운 실정이다.
안미현은 과거 청년 대학생 운동의 경험을 통해 지금 교회 안 청년의 문제를 돌아보고자 했다.
"교회에 청년이 없다고 하는데, 문제의 본질은 단순히 청년의 적고 많음이 아니라고 생각해요. 신앙도 일상이나 자기 삶에 대한 응답인데, 그것에 영향을 직접 미치지 않으면 무엇을 할 수 있을까요? 정치가들이 청년을 지원하는 이유는 다 자기한테 표를 주기 때문입니다. 사실 교회도 마찬가지죠. 교회는 신자가 있어야 존속하는데, 현재 교회는 노인들만 있어도 생존한다고 보는 거죠. 노인 세대가 교회에 지원해줄 사람들이라고 생각하겠죠. 그런데 그렇게 유지되는 것이 교회라고 할 수 있을까요? 앞서도 이야기했지만, '출애굽의 영성'을 가져야 교회이고, '가난한 사람들을 위한 우선적인 선택'을 해야 그것이 교회겠죠. 그렇게 청년 때 고민했던 내용을 지금까지도 영향을 받고 살아갑니다."

그는 분명 교회가 청년에게 더 개방적이고 기회를 주어야 한다고 생각하면서, 꼭 나이가 젊은 사람만 청년으로 볼 필요도 없다고 말한다. 지금 청년은 살아가기에 급급해 주위를 둘러볼 여유가 없다. 안미현은 교회는 그저 청년들에게 쉴 공간만 마련해주면 된다고 생각한다.

"그들에게 아무것도 원하지도 말고 바라지도 말고, 그들을 데리고 무언가를 억지로 할 필요도 없죠. 만약 생존이 힘든 절체절명의 순간이 아닌 다음에야 관여하지 않는 편이 낫다고 봅니다. 청년은 기본적으로 삶의 에너지가 있고 희망을 원천적으로 갖고 있습니다. 청년을 둘러싼 장벽만 허물어주면 잘될 것 같아요. 그런 내용을 담은 프로그램이 군데군데 보이기도 하는데, 교회가 그런 일을 해야 합니다. 자기가 숨 쉬는 데 필요한 산소가 있다면 그리로 가겠죠."

안미현은 최근에 은평구에서 예수회 박종인 신부가 청년을 위한 밥집을 열었는데, 그런 것이 매우 적절한 사업이라고 생각하며 그런 것이야말로 진정한 교회라고 말한다. 그는 심각하게 탈선하는 일이 아니라면 청년이 최대한 자유로워야 한다고 넋두리처럼 말하곤 한다. 청년들한테는 엄청난 기회를 더 많이 줘야 하는데, 기회를 자꾸 박탈하니까 이 지경에 이른 것이다. 경제적 효율성 차원이 아닌 미래를 보고 청년에게 더 많이 투자해야 한다고 한다. 교회에 청년이 없다고 걱정하기 전에 가장 먼저 해야 할 일이다.